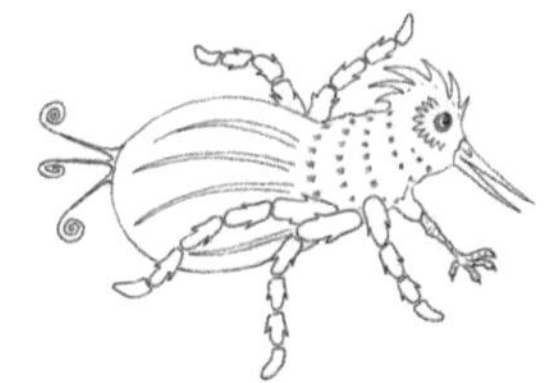

GOTTLIEB EDER • SIGRUN EDER

GFK BEDÜRFNISSE

ZUM ANMALEN UND AUSSCHNEIDEN

edition riedenburg

Bibliografische Information der Deutschen Nationalbibliothek
Die Deutsche Nationalbibliothek verzeichnet diese Publikation in der Deutschen Nationalbibliografie; detaillierte bibliografische Daten sind im Internet über http://dnb.d-nb.de abrufbar.

1. Auflage Dezember 2023
© 2023 edition riedenburg
Verlagsanschrift Adolf-Bekk-Straße 13, 5020 Salzburg, Österreich
Internet www.editionriedenburg.at
E-Mail verlag@editionriedenburg.at
Fotonachweis Hintergrund am Cover © Shutterstock.com: YASNARADA
Lektorat Johann Leitner, Salzburg
Satz und Layout edition riedenburg
Herstellung Books on Demand GmbH

ISBN 978-3-99082-147-3

Dieses Buch ist in einer verlagskonform geschlechtsneutralen Schreibweise verfasst und soll alle Menschen dieser Welt ansprechen.

Wir verstehen uns als Verlag für Diversität und Inklusion aller Persönlichkeiten, auch wenn in diesem Kinderbuch bestimmte stereoptype Charaktere abgebildet sind.

INHALT

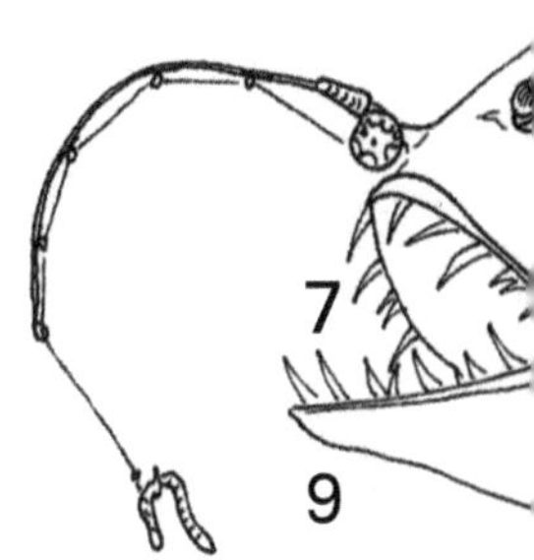

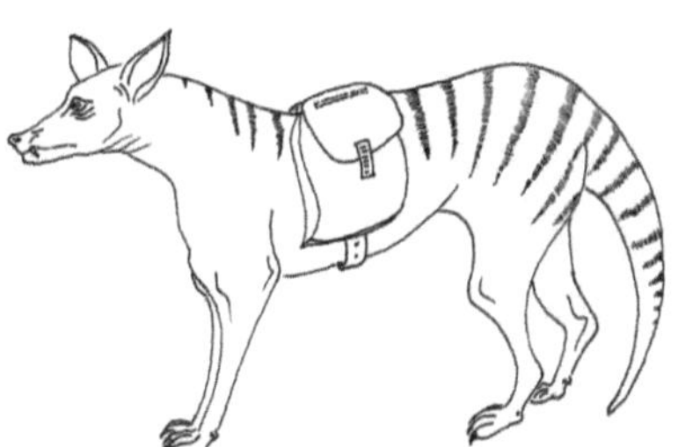

Kennst du das auch?

Du brauchst etwas und weißt nicht genau, was es ist? Wir helfen dir dabei, deine Bedürfnisse zu erkennen und klar zu formulieren. Dadurch kannst du ganz gezielt Bitten an dich selbst und an andere richten – so wie es auch Marshall B. Rosenberg in seinem bewährten Konzept zur Gewaltfreien Kommunikation (GFK) vorsieht.

In diesem Buch konzentrieren wir uns bewusst auf die GFK Bedürfnisse, und zwar in der handlichen Kartenform zum selbst Gestalten. Bedürfnisse stellen einen der vier Schritte zur Gewaltfreien Kommunikation dar. Das weltweit bekannte GFK-Konzept ermöglicht einen wertschätzenden und ehrlichen Umgang mit sich selbst und anderen.

Probiere es deshalb am besten noch heute aus: Bringe deine Gefühle mit einer Beobachtung in Verbindung und leite anschließend deine individuellen Bedürfnisse ab. Die über 60 GFK Bedürfnisse in Kartenform aus dem Tier- und Pflanzenreich fördern deine Reflexionsfähigkeit und Kreativität. Ausgeschnitten, individuell bemalt und auf stabilen Karton geklebt, werden die bunten Bedürfniskarten zu einem hilfreichen Begleiter in deinem Alltag.

Übrigens: Im Steckbrief neben der Karte erzählen die Pflanzen und Tiere über sich. Auf diese Weise erfährst du jede Menge über Flora und Fauna.

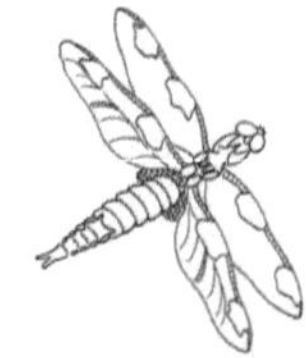

Viel Freude wünschen dir
Gottlieb & Sigrun

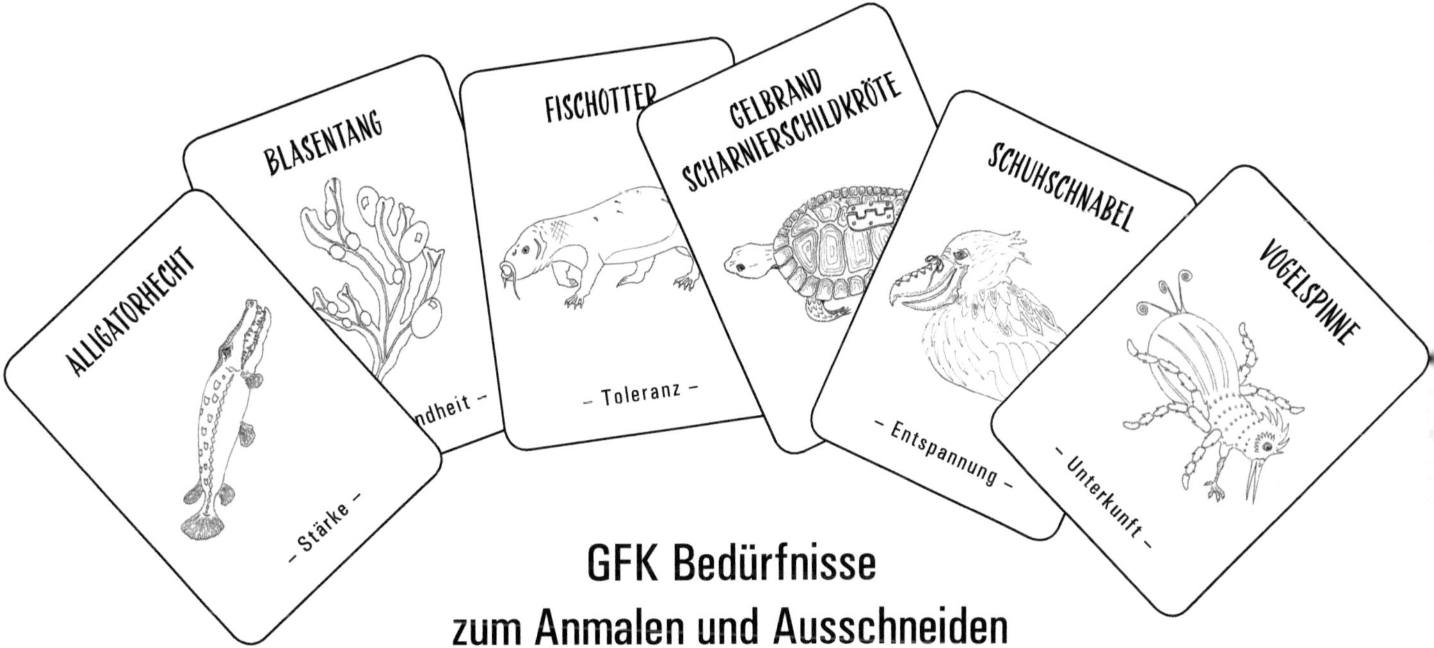

ALLIGATORHECHT
– Stärke –

BLASENTANG
ndheit –

FISCHOTTER
– Toleranz –

GELBRAND SCHARNIERSCHILDKRÖTE

SCHUHSCHNABEL
– Entspannung –

VOGELSPINNE
– Unterkunft –

GFK Bedürfnisse
zum Anmalen und Ausschneiden

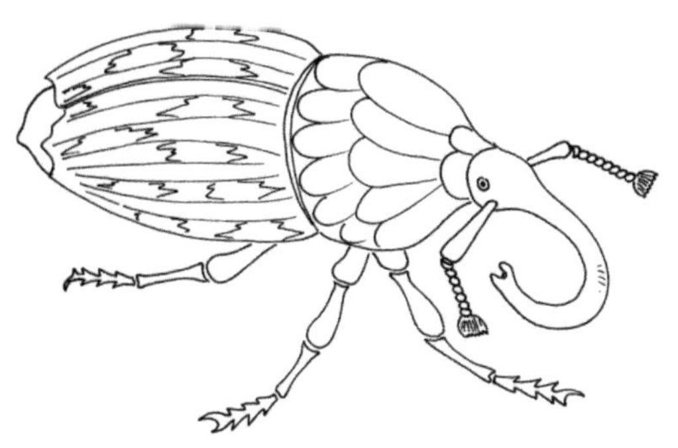

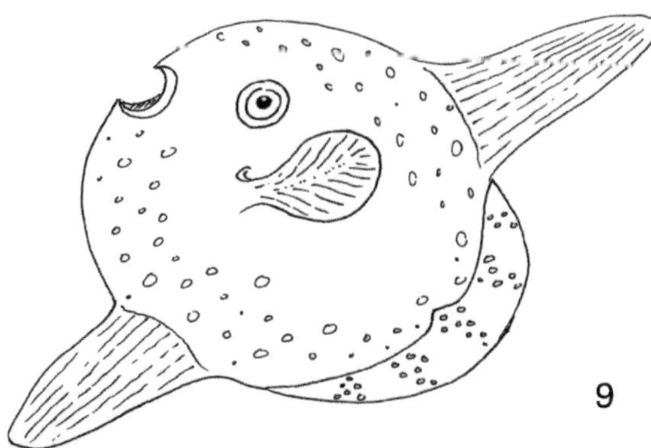

Alligatorhecht – Stärke

Ich bin ein richtiger Brocken von Fisch. Ein Nordamerikanischer Knochenhecht. Ausgewachsen schaffe ich rund drei Meter Länge und bringe etwa hundert Kilogramm auf die Waage.

Meine Heimat sind die Altarme von Flüssen, große Sümpfe oder flache Seen. Hier lauere ich gut versteckt zwischen den Wasserpflanzen auf vorbei schwimmende Beute. Ich bin ein gefräßiger Stoßräuber. Ob Fische, Vögel, Ratten oder Schildkröten. Mir ist es egal, Hauptsache, die Beute stillt meinen Hunger. Meine zwei Reihen kräftige Zähne im Oberkiefer halten alles bombenfest.

Rautenförmige Schuppen schützen meinen urtümlichen Körper wie ein Panzer. Sie sind so hart, dass sie zu Schmuckstücken mit Perlmuttglanz verarbeitet werden können.

Wissenschaftler behaupten, dass unsere Wirbelsäule eine starke Ähnlichkeit mit jener von Reptilien zeigt. Außerdem besitzen wir ein spezielles Gelenk am Hinterkopf, das uns das Nicken ermöglicht. Fische können uns diese Bewegung nicht nachmachen.

Die Klimaerwärmung macht mir wenig Sorgen. Schließlich sind wir Alligatorhechte in der Lage, mit einem geringen Sauerstoffanteil im Wasser zu überleben.

ALLIGATORHECHT

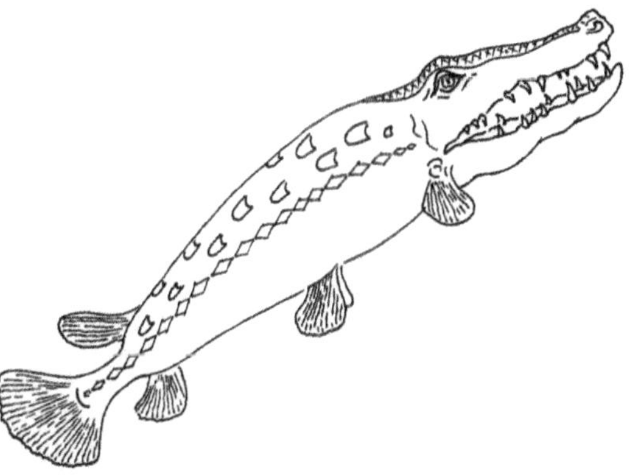

– Stärke –

Anglerfisch – Kreativität

Leider bin ich ein miserabler Schwimmer. Lieber schiebe ich mich mit meinen Brustflossen von einem sicheren Platz zum nächsten. So, als würde ich gehen.

Ich beneide die schlanken, stromlinienförmigen Fische, die bei mir vorbeiflitzen. Ihre Geschwindigkeit macht mich fast schwindelig. Aber die Natur hat mir als Ausgleich eine besondere Fähigkeit geschenkt: Mein erster Strahl der Rückenflosse ist wie eine Angelrute gebaut. Und ganz vorn, an der Spitze, hängt mein Köder. Der Hautfetzen schaut bei meiner Art aus wie eine köstliche Garnele.

Gut getarnt zwischen den bunten Korallen der tropischen Meere lauere ich auf Beute. Schwimmt ein Fischlein in meiner Nähe vorbei, dann locke ich es mit leichten Bewegungen meines Köders näher heran. Blitzschnell reiße ich mein gewaltiges Maul auf und sauge Fisch und Wasser ein. Meine Zähnchen am Gaumen halten den Leckerbissen fest. Das Wasser rinnt wieder bei den Kiemen heraus und die Beute wird geschluckt.

Fliegt meine Tarnung auf und droht mir Lebensgefahr, dann schlucke ich rasch viel Wasser und blase mich wie ein Kugelfisch auf. Manche Verwandte meiner Art können gar die Hautfarbe wechseln. Aber es braucht einige Tage, bis die Anpassung an die Umgebung abgeschlossen ist. Tarnen und Täuschen ist eines unserer Überlebensprinzipien.

Babymolch – Optimismus

Vor meiner Mutter habe ich Hochachtung: Da wandert sie unter Lebensgefahr zu einem Teich mit üppigem Pflanzenbestand, um rund 200 Eier abzulegen. Damit wir Larven vor dem Austrocknen geschützt sind, sucht sie Laichgewässer mit einer gewissen Tiefe aus. Jedes Ei wickelt sie mit ihren Hinterbeinen einzeln in ein Blatt ein.

Einen halben Vollmond später schlüpfen wir in die Freiheit. Winzlinge sind wir, kaum einen Fingernagel lang. Stehen meine Kiemenbüschel steil in die Höhe, schaue ich wie ein furchterregender Drache aus. Mit den Außenkiemen nehme ich den lebensnotwendigen Sauerstoff auf.

Ob du es glaubst oder nicht: Ich bin ein Räuber und schnappe mir bei jeder Gelegenheit Krebschen, Wasserflöhe und Mückenlarven. Ohne Fressen gibt es schließlich kein Wachsen. Allmählich entwickeln sich meine Gliedmaßen. Im Gegensatz zu den schwanzlosen Fröschen zuerst die vorderen Beinchen. Im Dschungel der Pflanzen lauere ich auf Beute. Lahme Wasserschnecken, unvorsichtige Kaulquappen oder Egel bereichern nun meine Kost.

Nach vielen Monaten im Lebensraum Wasser schrumpfen meine Kiemen und es entwickelt sich eine Lunge. Auch an Land will ich meine Räubernatur nicht ablegen. Die Dunkelheit erleichtert meine Raubzüge. Kleine Nacktschnecken und Regenwürmer sind nun meine bevorzugte Leibspeise.

BABYMOLCH

– Optimismus –

Bartmeise – Gleichwertigkeit

Ich bin nicht verwandt mit den Blau- oder Kohlmeisen. Diese Piepmätze lieben Gärten mit Blütenhecken und Obstbäumen. Doch ich gehöre zu den Papageischnabelmeisen.

Mein Lebensraum sind die weitläufigen Schilfzonen der Sümpfe und Seen. Mit meinem Gezwitscher locke ich die Weibchen an. Während der Balz sträube ich mein prächtiges und schwarzes Bartgefieder. Um meine künftige Braut zu beeindrucken, wippe ich zusätzlich meine Schwanzfedern steil in die Höhe. Kleider machen Leute und bunte Federn eine Vogelhochzeit. Nach der Verpaarung bleiben wir lebenslang ein treues Paar.

Gut versteckt im Röhricht bauen wir knapp über dem Wasserspiegel unser Nest. Während mein Weibchen auf den gelegten Eiern sitzt, versorge ich sie mit Nahrung. Nach dem Schlüpfen unserer Küken kümmern wir uns gemeinsam um die Verpflegung. Unermüdlich liefern wir Raupen, Würmer, Insekten und Spinnen, um die weit aufgerissenen, hungrigen Schnäbel zu stopfen.

Im Winter müssen wir leider auf vegetarische Kost umsteigen. Damit unser Magen die Schilfsamen und andere Sämereien verdauen kann, schlucken wir bewusst feinen Sand.

Der Mensch ist unser größter Feind. Er vergiftet und zerstört unseren Lebensraum.

Beutelwolf – Authentizität

Seit Jahrzehnten gelten wir als ausgestorben. Doch die Forscher haben sich geirrt: In der schwer zugänglichen und weitläufigen Wildnis Tasmaniens haben einige von uns überlebt. Vor allem die Schafzüchter trachteten uns nach dem Leben. Nur, weil uns kleine Känguruarten und knusperzarte Lämmer leicht zum Opfer fielen.

Es wurde gar ein Kopfgeld für jeden von uns ausgesetzt. Beutelteufel, Beuteldachs, Beutelbär, Koalas, Beutelmäuse und viele andere Beutelträger blieben von diesem Wahnsinn verschont.

Uns Beuteltieren ist gemein, dass die Jungen sehr früh auf die Welt kommen. Geschickt kraxeln sie nach der Geburt in den schützenden Beutel und saugen sich an einer Zitze fest. Im Maul schwillt die Zitze an. Der Nachwuchs hängt wie ein Fisch am Haken. Er kann somit nicht verloren gehen. In der Tasche zwischen den Hinterbeinen ist jedoch nur anfangs genug Platz. Später muss sich unser Nachwuchs in Erdhöhlen oder hohlen Bäumen verstecken.

Am Rücken tragen wir schwarze Streifen, wie ein gefährlicher Tiger. Der Kopf gleicht einem Hund mit langer Schnauze. Und der Schwanz könnte von einem Känguru stammen.

Obwohl wir weltweit das größte fleischfressende Beuteltier sind, ist auch unser Nachwuchs bedroht.

Blasentang – Gesundheit

Ich bin eine Großalge und trotzdem kaum länger als ein Kinderfuß. Damit mich die Wellen nicht ans Ufer spülen, halte ich mich mit einem wurzelähnlichen Teil auf Steinen oder Felsen fest.

Wir Tange können nicht wie die richtigen Pflanzen Nährstoffe aufnehmen und weiterleiten. Zahlreiche Gasblasen sorgen für den notwendigen Auftrieb im Salzwasser, damit wir nicht untergehen. Bei heftigen Stürmen verlieren wir leider den Halt. Angeschwemmt und nutzlos liegen wir dann als Biomist am Strand.

An den Küsten des nördlichen Atlantik und Pazifik haben wir Vertreter der Braunalgen unser größtes Verbreitungsgebiet. Kein Wunder, denn in der lichtdurchfluteten Gezeitenzone fühlen wir uns am wohlsten. Eine Art Schleimschicht bedeckt meinen lederartigen Körper. Mit diesem Mantel schütze ich mich vor Austrocknung bei Ebbe.

Unser hoher Jodgehalt macht uns für die Medizin und hier speziell die Behandlung der Schilddrüse wertvoll. Auch für die Herstellung von Tiernahrung sind wir gefragt. Außerdem werden wir als Zusatzstoff für viele Schönheitsprodukte eingesetzt.

Die Verschmutzung unseres Lebensraumes durch Ölreste, Chemikalien oder Plastikteile macht uns schwer zu schaffen.

BLASENTANG

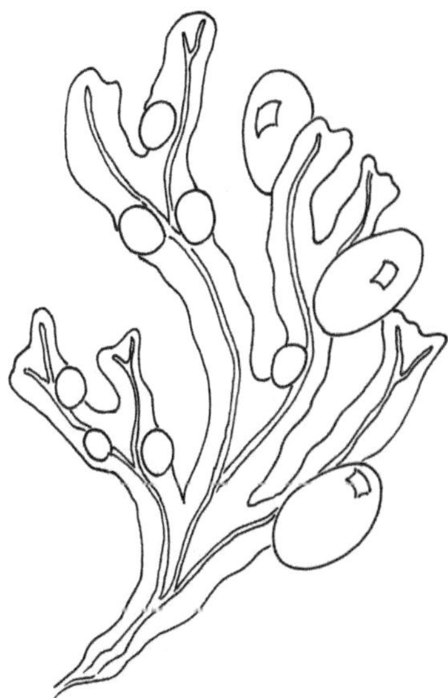

– Gesundheit –

Boxerhund – Abwechslung

Mir geht es schlecht: Seit einem halben Vollmond schmeckt mir das gereichte Futter nicht. Herrchen und Frauchen haben laut gestritten. Heute noch schmerzen mir meine Ohren.

Nun ist Frauchen über Nacht verschwunden. Nur ihr guter Duft bleibt mir in der Nase als Erinnerung. Er hingegen kommt spät nach Hause. Hat keine Zeit zum Spielen. Mir fehlen die Aufmerksamkeit und die Streicheleinheiten. Dieser Zustand macht mich richtig krank.

Ich mag nicht in die Hundekrippe abgeschoben werden. Auch das tägliche Gassigehen mit fremden Menschen ist mir ein Zwang. Dabei kommen das abenteuerliche Schnüffeln und Spurenverfolgen in der Natur nämlich viel zu kurz.

In meinem uralten Stammbaum steht auch die mutige „Bärenbeißerrasse“. Sie wurde seinerzeit für die Jagd auf Bären und Wildschweine gezüchtet. Ein Vorteil war die ausgestülpte Nase. Das Festhalten der wehrhaften Beute hat das Atmen erleichtert. Doch nach der Erfindung der Schusswaffen war dieser Typ Hund nicht mehr gefragt.

Ich gehöre bereits zu einer Züchtung mit freundlichem Charakter. Ein richtiger Familienhund bin ich. Wau!

BOXERHUND

– Abwechslung –

Brillenschaf – Liebe

Ich, das Kärntner Brillenschaf, gehöre zu einer gefährdeten Nutztierrasse. Sicher hat mir der schwarze Fleck um die Augen den Namen gebracht. Zudem machen mich die hübschen schwarzen Ohrspitzen unverwechselbar.

Mein einmaliges Aussehen und den Charakter verdanke ich aber einer Kreuzung. Die Eigenschaften von Landschaf, Seidenschaf und einem weißen Bergschaf aus Italien bestimmen meine Wesensart.

Sehr gefragt sind wir vierbeinigen Pfleger der bäuerlichen Kulturlandschaft. Ohne unseren Hunger auf Grünzeug gäbe es die Vielfalt der Bergblumen nicht.

Die Menschen schützen uns vor Raubtieren wie Wolf und Bär. Und den Winter verbringen wir im warmen Stall. Für reichlich Futter und Wasser ist gesorgt.

Als Gegenleistung liefern wir Milch und Wolle. Kein Schaf muss wie das Wild in freier Natur leiden.

Leider sind auch unser Fleisch und die Felle begehrt. Feinschmecker schätzen den besonderen Geschmack.

Zwei starke Hunde begleiten uns heuer auf der Alm. Sie sind so groß wie ein Mutterschaf. Weiß und zottig ist ihr Fell. Entfernt sich eines von uns zu weit, drängen die Hunde das neugierige Schaf sofort in die Herde zurück.

Brückenechse – Sicherheit

Wir urtümlichen Brückenechsen sind die letzten Überlebenden der Schnabelkopf-Reptilien, sozusagen lebende Fossilien. Bereits vor mehr als 200 Millionen Jahren hat sich meine Art abgespalten. In diesen längst vergangenen Urzeiten herrschten die Saurier auf der Erde.

Im Vergleich zu diesen ausgestorbenen Riesen bin ich ein unscheinbarer Zwerg und ausgewachsen kaum einen halben Meter lang. Unser begrenzter Lebensraum sind einige Inseln vor der Küste Neuseelands. Nur hier kommen wir vor und sonst nirgendwo auf der Welt.

Immer noch steckt in meinen Genen das regungslose Verhalten bei Gefahr: Wie ein Stück Holz liege ich dann am Boden. Fleischfressende Vögel entdecken ihre Beute nämlich leichter aus der Luft, wenn sie sich bewegt.

Leider haben die Menschen Ratten auf einige Inseln eingeschleppt. Unsere Nachkommenschaft ist gering. Und nun diese Plage!

Käfer und Schnecken, Heupferdchen, Spinnen und Regenwürmer erwische ich recht leicht, weil ich überraschend flink bin. Eine Besonderheit von uns Brückenechsen ist das dritte Auge auf dem Kopf. Es misst die Helligkeit des Sonnenlichtes. Die Lichtmenge beeinflusst meinen Tagesablauf.

BRÜCKENECHSE

– Sicherheit –

Dompfaff – Anerkennung

Ich bin ein Männchen. Aufgrund meines prächtigen roten Bauchgefieders gefällt mir der weitere Name „Blutfink“ ausgezeichnet. Aber die Bezeichnung „Gimpel“ verärgert mich immer wieder.

Früher galt dieses Wort als Beispiel für Dummheit und Ungeschicklichkeit. Aber wir sind nicht blöd! Gelangen wir als Jungvogel in die Obhut der Menschen, lernen wir rasch, einfache Melodien nachzupfeifen. Da bleibt vielen Singvögeln staunend der Schnabel offen.

Die Kopfbedeckung und Oberbekleidung der geistlichen Würdenträger, wie Kardinal oder Domherr, haben uns den noblen Namen Dompfaff eingebracht. Ich bin ein treuer Standvogel und bleibe das ganze Jahr in meinem Brutrevier.

Mit meinem kräftigen Schnabel fällt es mir leicht, alle Sämereien und Beeren zu knacken. Natürlich schmecken uns auch die saftigen Knospen der Ziersträucher und Obstbäume. Mit Leichtigkeit zwicken wir sie mit dem scharfen Schnabelrand vom Ast. Die Obstbäuer:innen haben daher keine rechte Freude, wenn ein kleiner Trupp von uns einfliegt. Insektennahrung kommt uns nämlich kaum in den Schnabel, wir sind lieber Vegetarier.

Am meisten fürchte ich die schlauen Katzen und Marder, die mir nach dem Leben trachten.

DOMPFAFF

– Anerkennung –

Dornenseestern – Glück

Ich gehöre zum Stamme der Stachelhäuter. Trotz meines gefährlichen Namens bin ich für Schwimmer und Taucher nicht die geringste Gefahr.

Mein Körper bildet sich am häufigsten aus sieben Armen, wobei sie zur Spitze hin immer schlanker werden. Auf der bodennahen Seite besitze ich zahlreiche kleine Füßchen. Mit ihrer Hilfe sauge ich mich fest und ziehe meinen Körper nach. Augenblicklich kann ich meine Bewegungsrichtung ändern, wenn der vordere Arm auf ein Hindernis stößt.

Zwar habe ich keine echten Augen, aber auf meinen Armen sitzen lichtempfindliche Zellen. Damit kann ich helle und dunkle Stellen in meiner Umgebung unterscheiden.

Ich bin ein Räuber. Die fußlahmen Schwämme, Schnecken oder Seeigel entkommen mir nicht. Auch Aas gehört zu meinem Speiseplan. Sogar harte Muschelschalen kann ich mit meiner Kraft auseinanderspreizen. Nach dem Öffnen stülpe ich meinen Magen aus und zwänge ihn durch den Spalt. Ist die Beute schließlich vorverdaut, ziehe ich meinen Magen samt dem Nahrungsbrei wieder zurück.

Will mich ein anderes Tier fressen, stoße ich in meiner Not einen oder zwei Arme ab und rette mein Leben. Aus abgetrennten Armen kann sich wieder ein neuer Dornenseestern entwickeln. Die Forscher bezeichnen diese Fähigkeit als ungeschlechtliche Fortpflanzung.

DORNENSEESTERN

– Glück –

Drachenblutbaum – Spiritualität

Ich bin groß und stark wie ein Alleebaum. Aber ich bin kein Baum, denn mir fehlen die Jahresringe. Ob du es glaubst oder nicht, zu meinen Verwandten gehören der Gemüsespargel oder die Agaven.

Es braucht viele Jahre, bis mein Stamm kräftig genug ist, um die ersten Zweige zu bilden. Am Ende des letzten Stockwerkes nehmen die schlanken Laubblätter das Licht der Sonne auf. Jede Verletzung unseres schuppigen Stammes lässt einen blassen Saft austreten. Dieser verwandelt sich an der Luft, wie durch Zauberei, in ein dunkelrotes Harz, das „Drachenblut".

Im Mittelalter wurde unser Blut so wertvoll wie Gold gehandelt. Der Aberglaube über die magische und heilende Wirkung des blutroten Harzes machte die Menschen gierig. Später haben die Leute unser Harz mit Lacken vermischt, um eine satte Farbe zu erhalten. Musikinstrumente wie Geigen oder Möbel wurden damit eingelassen.

Heute entdecken Forscher immer mehr Stoffe von uns raren Drachenbäumen, die sogar für Krebsbehandlungen eingesetzt werden.

Obwohl wir auf der spanischen Insel Teneriffa, vor der Nordwestküste Afrikas, als einmaliges „Natursymbol" respektiert sind, stehen wir auf der Roten Liste. Das bedeutet: Wir sind vom Aussterben bedroht.

DRACHENBLUTBAUM

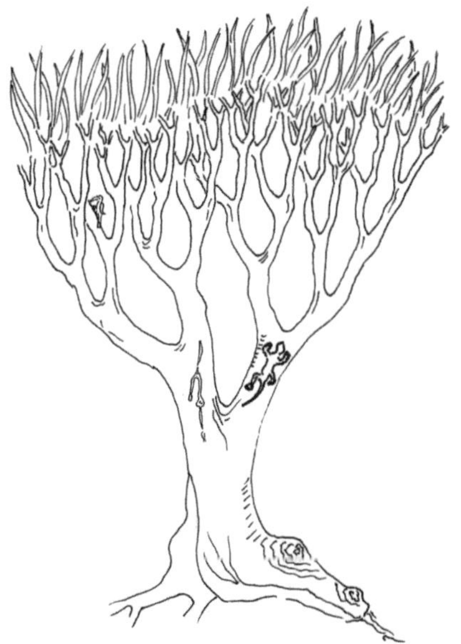

– Spiritualität –

Engelhai – Akzeptanz

Am liebsten treibe ich mich in den nördlichen Küstenbereichen des Atlantiks herum. Keine Angst, ich bin kein Menschenfresser, sondern buddle mich gerne in den weichen Boden ein und lauere dort auf Beute. Gut getarnt schwimmen mir die ahnungslosen Fische direkt vors Maul. Langsame Krebse und Weichtiere ergänzen meinen Speiseplan.

Wir Engelhaiweibchen werden auch Meerengel genannt. Die befruchteten Eier brüten wir im Leib aus, bevor unser Nachwuchs lebend geboren wird. Wohl an die 25 Babys haben in meinem Bauch Platz. Auch die von Menschen gefürchteten Weißen Haie, Tigerhaie und viele andere Arten gebären so wie wir lebende Junge. Wir Haie sind Knorpelfische. Wenn wir sterben und verwesen, dann bleiben nur mehr die harten Zähne erhalten.

Leider macht uns die Gier nach Delikatessen schwer zu schaffen. Die Lust der Menschen auf Haiflossensuppe oder andere spezielle Gerichte bringt vielen unserer Art einen grausamen Tod.

Bei lebendigem Leibe werden uns die Rückenflosse sowie die paarigen Flossen an Brust und Bauch abgeschnitten. Anschließend wird der noch zuckende Körper über Bord der Fischkutter geworfen und im Meer versenkt.

Fischotter – Toleranz

Ich bin ein Marder und vorzüglich an das Leben im Wasser angepasst. Schwimmen und Tauchen liegen mir im Blut. Kälte schreckt mich nicht. Schließlich besitze ich ein dichtes Fell.

Eine Fettschicht, wie sie die Robben haben, brauche ich nicht, weil mich mein Pelz trocken und warm hält. Auf einer Fläche so groß wie meine Kralle wachsen mehr Haare als auf deinem ganzen Kopf.

Mithilfe meines kräftigen Steuerschwanzes ist es mir ein Leichtes, auch einen flinken Fisch geschickt zu verfolgen. Die notwendige Schnelligkeit verschaffen mir dabei die Schwimmhäute zwischen den Zehen.

Trübes Wasser spielt mir bei der Nahrungsbeschaffung keinen Streich, denn mit meinen Tasthaaren stöbere ich jeden knackigen Krebs auf. Nichts ist vor meiner Räubernatur sicher, ganz gleich ob Frösche, Mäuse, Muscheln oder gar junge Wasservögel.

Fischzüchter und Teichwirte hassen uns. Unsere Lust auf Speisefische gefällt ihnen nicht. Aber wenn unser angestammter Lebensraum immer mehr schwindet, dann müssen wir, um nicht zu verhungern, in den gut besetzten Teichen Beute machen.

FISCHOTTER

– Toleranz –

Flaschenenten – Gelassenheit

Meine Verwandten, die Stockenten, fliegen schnell wie ein Pfeil. Aber wir Flaschenenten oder Indische Laufenten schaffen nicht einmal die Höhe eines Gartenzaunes. Dafür sind wir äußerst flott auf den Beinen unterwegs!

Unsere ursprüngliche Heimat liegt in Asien. Als „Schneckenjäger" haben wir uns einen ausgezeichneten Ruf erworben.

Brav Eierlegen, Laufen und Schnecken fressen sind kein Honigschlecken. Wohl an die hundert Nacktschnecken verdrücke ich täglich in meinem Magen. Nachher benötige ich unbedingt frisches Wasser, um den zähen Schleim hinunterzuspülen. Außerdem kommt unseren Ansprüchen ein großer Teich sehr entgegen. Wir lieben nämlich das Plantschen, Federputzen und gemütliche Schwimmen.

Keine Freude hat unser Besitzer, wenn wir durch ein kleines Loch im Zaun in den Garten schlüpfen. Im Nu sind zartes Gemüse und junge Salatpflänzchen gefressen. Und zwar viel schneller, als es zahlreiche Schnecken während einer ganzen Nacht schaffen.

Bei Bedrohung durch frei laufende Hunde, Füchse und Marder schnattern wir aufgeregt wie eine Alarmanlage. Nur ist das unseren Feinden leider komplett egal und sie drehen uns trotzdem den Hals um.

FLASCHENENTEN

– Gelassenheit –

Fleckvieh Stier – Geborgenheit

Wir Rindviecher sind reine Pflanzenfresser. Mithilfe unseres besonderen Wiederkäuermagens sind wir in der Lage, aus Gras, Silage, Getreide, Futterrüben oder Heu die Nährstoffe zu verwerten. Die Energie im Futter reicht, um eine satte Tonne Gewicht auf die Waage zu bringen. Die weiblichen Tiere, die Kühe, sind wesentlich weniger stark mit Muskeln bepackt. Dafür tragen sie ein großes Euter zwischen den Hinterbeinen.

Wir wissen gar nicht, wie stark wir Muskelprotze sind. Ein Weidezaun ist für uns eigentlich ein lächerliches Hindernis. Aber wir brechen nicht aus und zertrümmern auch nicht den Standplatz im Stall.

Ich bin kein wilder und wendiger Kampfstier. Diese Nachfahren der Urrinder sind nämlich leicht reizbar. Alles, was sich bewegt, möchten sie mit ihren spitzen Hörnern in die Luft schleudern, aufspießen oder zertrampeln.

Ich hingegen bin ein gutmütiger und schwerer Koloss. Früher haben uns die Bäuer:innen rasch an den Metzger geliefert, wenn wir unseren Nachkommen keine hohe Milchleistung vererbt haben. Die Zeiten haben sich geändert. Nun schätzen es die Biobäuer:innen, wenn wir Zuchtbullen hauptsächlich nachhaltige Gesundheit an die Kälber weitergeben.

FLECKVIEH STIER

– Geborgenheit –

Flügelschnecke – Vorwärtskommen

Aufgrund meiner fingerartigen Auswüchse werde ich auch als kleine Teufelskralle bezeichnet. Die angenehmen Wassertemperaturen in den tropischen Meeren sind mein Lebensraum. In meinem Körper, ganz ohne Knochen oder Gräten, liegt eine Atemhöhle. Sie ist stets mit frischem Salzwasser gefüllt, aus dem ich mit einfachen Kiemen den lebenswichtigen Sauerstoff herausfiltere.

Mit meinen gut entwickelten Linsenaugen kann ich das Futter suchen. Besonders Algen schmecken mir vorzüglich. Aber auch die abgestorbenen Reste von Pflanzen und toten Tieren bereichern meine Kost.

Es gibt keinen Zweifel: Fressen und Gefressenwerden sind Naturgesetze. Leider genießen auch manche Menschen mein Schneckenfleisch. Zudem ist die Vielfalt der Formen und Farben unserer Gehäuse gefragt.

Hast du eigentlich gewusst, dass viele meiner weit entfernten, Haus tragenden Landschnecken als Fastenspeise gezüchtet wurden? Die zahlreichen kirchlichen Fastentage wussten die Mönche und Nonnen in den Klöstern nämlich geschickt zu umgehen. Besonders die Weinbergschnecke war sehr gefragt.

„Lieber einen Schneck als gar keinen Speck“ war bereits im Mittelalter ein üblicher Spruch.

FLÜGELSCHNECKE

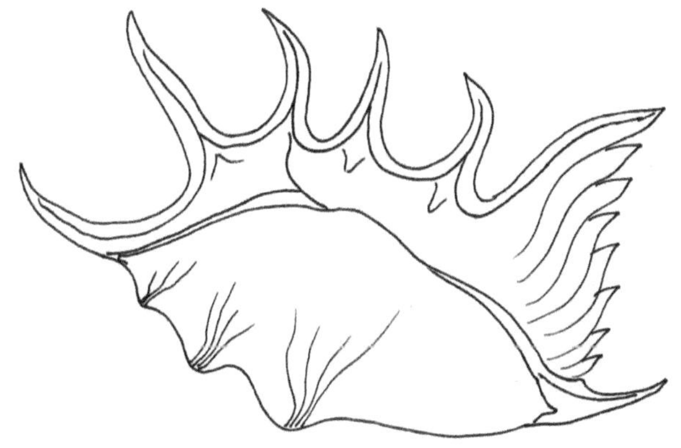

– Vorwärtskommen –

Flughörnchen – Freiheit

In Baumhöhlen verschlafe ich den Tag. Sobald es dunkel wird, bin ich auf Futtersuche: Blüten, Beeren, Nüsse und Samen sind meine bevorzugte Nahrung.

Die Eulen mag ich nicht. Lautlos wie Geister sind diese Räuber in der stockdunklen Nacht unterwegs. Verfolgt mich ein Marder, dann springe ich vom Ast. Ich kann zwar nicht fliegen, dafür aber mit meiner Flughaut zwischen den gespreizten Beinchen blitzschnell in Sicherheit gleiten.

Dank meines buschigen Schwanzes ist es mir sogar in der Luft möglich, die Richtung zu ändern. Ohne Schwierigkeiten lande ich auf dem angepeilten Baumstamm und klettere wieder flink in die Höhe.

Zum Überleben benötige ich einen Mischwald. Weil ich keinen Winterschlaf halte, muss ich in Baumhöhlen oder Spalten einige Vorräte anlegen. Zieht sich die kalte Zeit in die Länge, dann bleibt mir nur mehr das Rinde nagen oder Nadeln fressen übrig.

Ich bin kaum größer als ein Siebenschläfer, aber mir fehlen die Haarpinsel an den Ohren. Jedes Kind kennt die putzigen Eichkätzchen, die geschickt von Ast zu Ast springen. Sie halten im Kobel eine gemütliche Winterruhe. Täglich sind sie ein paar Stunden unterwegs und plündern ihre vergrabenen Nüsse und Samen. Ihr guter Geruchssinn führt sie zum verborgenen Schatz im Boden.

FLUGHÖRNCHEN

– Freiheit –

Frühlingsknotenblume – Selbstvertrauen

Ich bin ein Zwiebeltyp und gehöre zur Familie der Amaryllisgewächse. Die Zwiebel ist unser Energiespeicher. Den Frühling kann ich kaum erwarten. Noch während die letzten Schneeflecken liegen, schiebe ich mich ans Licht.

Meine nickenden Blüten duften nach Veilchen. Damit locke ich Bienen und Schmetterlinge zur Bestäubung an. Verschiedene Tiere fressen später meine Früchte. Die unverdaulichen, runden Samen werden wieder ausgeschieden und sorgen für die Verbreitung meiner Art. Auch Ameisen verschleppen meine Samen. Gerne wachse ich in kleinen Gruppen.

Ich kann einfach nicht begreifen, dass ich immer wieder mit den später blühenden Maiglöckchen verwechselt werde. Ich bin aber gar nicht ihre Schwester! Meine schneeweißen Blütenblätter sind an den Spitzen mit hübschen, gelbgrünen Tupfen geschmückt. Außerdem trage ich am Blütenboden einen auffallenden grünen Knoten, so groß wie eine unreife Johannisbeere.

Kleine Kinder erforschen immer ihre Umgebung. Alles stecken sie in den Mund. Ich bin streng geschützt und für Menschen und ihre Haustiere giftig. Alle meine Pflanzenteile, Zwiebelwurzel, Stängel, Blätter und Blüten sind für Kostproben nicht geeignet. Bauchschmerzen, Durchfall und Erbrechen sind die Folgen.

FRÜHLINGSKNOTENBLUME

– Selbstvertrauen –

Fuchskaninchen – Empathie

Meine Verwandten, die Hasen, haben nicht nur lange Löffel, sondern auch starke Läufe. Bis zum letzten Nasenzucken drücken sie sich tagsüber in eine Bodenmulde. Schnell wie der Blitz starten sie bei Lebensgefahr die Flucht. Schneller als ein Rennpferd flitzen sie über die freien Flächen, schlagen Haken und schütteln Fleischfresser ab. Ihre Jungen kommen mit Fell und offenen Augen auf die Welt. Sie sind wahre Nestflüchter.

Wir kleineren Kaninchen leben lieber gesellig. Stöbert uns ein frei laufender Hund oder Fuchs auf, dann verschwinden wir in unsere gegrabenen Erdhöhlen. Als hasenartige Nagetiere sind wir nur schwer zu überrumpeln. Mit den seitlich am Kopf sitzenden Augen können wir ein großes Gesichtsfeld beobachten. Auch die Ohren lassen sich unabhängig voneinander in alle Richtungen drehen.

Nackt und blind liegt unser Nachwuchs nach der Geburt im Bau. Wir Fuchskaninchen sind eine langhaarige Rasse. Im Vergleich zu den Angorakaninchen haben wir einen jahreszeitlichen Haarwechsel. Besonders begehrt unter den Züchtern ist unsere Fellfarbe mit dem Blaustich. Sie ähnelt dem bekannten Polarfuchs.

Die Anpassung an die Umgebung ist die beste Tarnung, um sich vor Feinden zu verstecken.

Gänsegeier – Respekt

Wir sind gesellige Vögel. Gerne brüten wir unter Überhängen, auf Felsbändern, in Nischen und Höhlen oder in den steilen Wänden. Aus trockenem Holz und Ästen bauen wir unseren Horst. Unser Nest für den einzigen Nachwuchs ist mit Laub weich ausgekleidet.

Erwärmen die Sonnenstrahlen die Felswand, so steigt die Luft wie in einem Kamin auf. Ohne Anstrengung schrauben wir uns in kreisförmigen Bahnen weit in den Himmel. Stundenlang segeln wir in die Nachbartäler und halten Ausschau nach Futter. Mit unseren scharfen Geieraugen entgeht uns weder Aas noch das Verhalten der anderen fliegenden Gesundheitspolizisten.

Ein Blitz hat das Rindvieh auf dem Bergkogel erschlagen. Nach der Landung schreite ich mit auffallendem Stechschritt zum entdeckten Kadaver. Mit meinem kräftigen Schnabel reiße ich die zähe Haut am Bauch des Tieres auf. Oft ist die Völlerei so gewaltig, dass wir einen Teil der Nahrung wieder auswürgen müssen, damit wir überhaupt noch abfliegen können.

Wegen unserer gewaltigen Spannweite, den zweifarbigen Flügeln und dem eingezogenen, hellen Hals ist unser Flugbild unverwechselbar. Wir Altvögel haben es gelernt, mit den rauen Bedingungen und der Futterknappheit im Winter umzugehen. Aber die Jungen zieht es in den Süden. Viele gleiten über Meerengen sogar bis nach Afrika.

Geisterkrabbe – Ruhe

Ich gehöre zu den Zehnfußkrebsen. Du kannst jederzeit meine gewaltigen Scherenarme und die vier Paar Laufbeine überprüfen. Tausende meiner verwandten Krabbenarten leben im Meer. Nur wenige haben sich an das Süßwasser angepasst oder krabbeln an Land umher.

Im flachen Bereich, wo sich der Gezeitenwechsel abspielt, fühlen wir uns wohl. Kommt die Flut, verdrücken wir uns flink in die selbst gegrabenen Tunnel und warten auf die nächste Ebbe. Liegt meine Wohnung wieder im Trockenen, bin ich neuerlich auf Futtersuche unterwegs.

Besonders praktisch sind meine Stielaugen. Sie bringen mir einen vorteilhaften Rundumblick. Mir entgeht nichts Fressbares. Ich bin nicht heikel: Würmer, Muschelfleisch, Kadaver, Aas und abgestorbene Pflanzen und Tiere gehören zu meinen Leibspeisen.

Wir Geisterkrabben sind sture Einzelgänger. Im Umfeld meines Unterschlupfs leben viele Nachbarn. In unserer großen Kolonie ist das eigene Revier sehr begrenzt und wird deshalb heftig verteidigt. Wird es gefährlich, lege ich als Rennkrabbe ein Höllentempo hin. Beim seitlichen Laufen haben meine Beine mehr Platz. Sie bringen mich nicht zum Stolpern. Blitzschnell verschwinde ich von der Bildfläche. Der Sprung in meine Höhle lässt mich wie ein Gespenst verschwinden.

GEISTERKRABBE

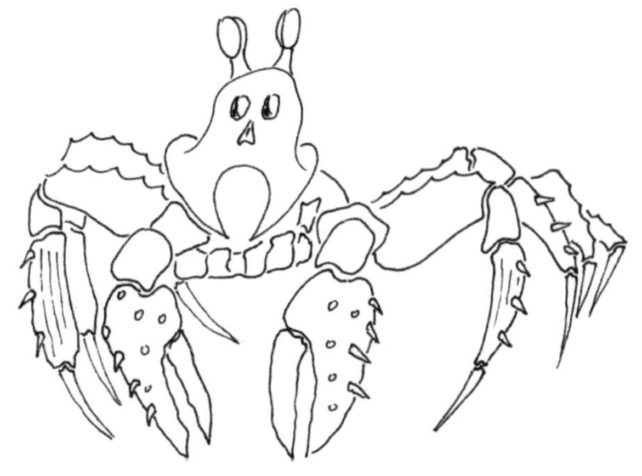

– Ruhe –

Gelbrand Scharnierschildkröte – Unterstützung

Die Forscher ordnen mich der Familie der Altwelt-Sumpfschildkröten zu. Das Klima im Südosten von China passt mir am besten. Stehende oder langsam fließende Gewässer mit einem schlammigen Boden sind ganz nach meinem Geschmack.

Meine Jugend habe ich im Wasser eines Reisfeldes verbracht. Die kurzen Schwimmhäute erleichtern mir die Fortbewegung. In den Feldern werden wir geduldet, schließlich fressen wir auch die Schädlinge in den Kulturen. Insekten, kleine Fische und Schnecken schmecken mir ausgezeichnet. Aber auch bestimmte Pflanzen, Früchte und gar Aas bereichern meine Speisekarte.

Im Alter gehe ich ganz gern an Land, um mich zu sonnen. Auch die paar Eier pro Gelege vergrabe ich im Sand und kümmere mich nicht weiter um den Nachwuchs. Ich bin ein grantiger Einzelgänger. Mein Revier verteidige ich gegen Rivalen heftig.

Werde ich erschreckt, ziehe ich schnell Kopf, Schwanz und Beine ein. Auf dem Panzer habe ich so etwas wie ein Scharnier. Die beiden Teile des Panzers werden wie eine Zugbrücke auf den Ritterburgen hochgeklappt. Meine Feinde beißen sich am geschlossenen Panzer die Zähne aus.

GELBRAND SCHARNIERSCHILDKRÖTE

– Unterstützung –

Großer Brauner Rüsselkäfer – Lachen

Jedes Kind kennt den nimmersatten Maikäfer, den lieblichen Marienkäfer oder den metallisch schillernden Rosenkäfer. Den mit Nadeln aufgespießten Hirschkäfer, den Riesen unter den heimischen Krabblern, kennst du wahrscheinlich nur aus Sammlungen.

Ich, der Große Braune Rüsselkäfer, gehöre zur artenreichsten Familie aller Lebewesen. Hunderttausende verschiedene Käfer sind weltweit mit der „langen Nase" unterwegs. Eigentlich ist mein Rüssel eine praktische Verlängerung des Kopfes. An seiner Spitze befinden sich meine beißenden Mundwerkzeuge und an der Seite sitzen die empfindlichen Fühler.

Waldbesitzer:innen betrachten mich als größten Schädling. Junge Nadelbäume schmecken mir nämlich am besten. Monokulturen habe ich zum Fressen gern. Soweit meine Flügel tragen, mampfe ich Fichten, Fichten und wieder Fichten. Wären die Waldbesitzer:innen schlauer und würden sie auch Laubbäume pflanzen, dann wäre der durch mich angerichtete Schaden halb so wild.

Nun bin ich schwanger. Rund 100 befruchtete Eier warten in meinen Bauch. Je nach Witterung schlüpfen meine Larven in zwei, drei Wochen. Sie wollen fressen, fressen und wieder fressen. Am Ende ihrer Entwicklung beißt sich jede eine kleine Höhle in das feste Holz und verpuppt sich. Nachher nagen sie sich ein Loch ins Freie.

GROẞER BRAUNER RÜSSELKÄFER

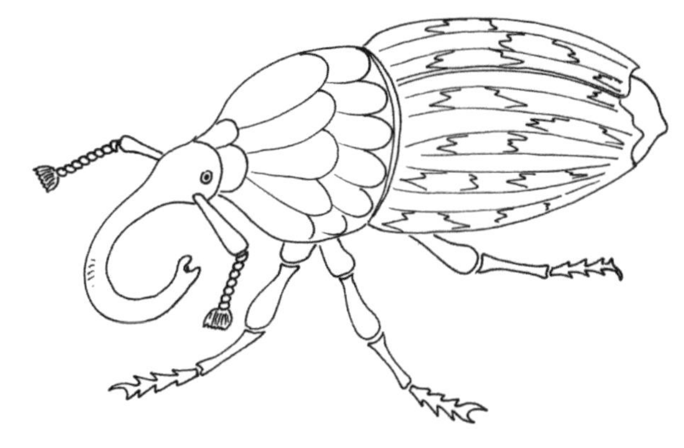

– Lachen –

Großer Wiesenknopf – Hilfsbereitschaft

Ich bin berühmt. Vom Naturschutzbund wurde ich zur „Blume des Jahres 2021" ernannt. Die Wahl schmeichelt mir. Gleichzeitig soll den Menschen bewusst werden, dass wir Wildpflanzen nach drei Schnitten aufhören zu blühen. Wir bilden keine Samen mehr. Wenn das passiert, verhungern viele Insekten und Nahrungsketten für Vögel brechen weg.

Natürlich kann ich mit den prachtvollen Blüten der gezüchteten Rosen nicht mithalten. Aber auch ich bin ein Familienmitglied der Rosengewächse. Mein braunroter Blütenknopf und die zierlichen gefiederten Blätter sind bildhübsch.

Als anpassungsfähige Pflanze gedeihe ich auf feuchten Standorten, Magerwiesen und gar am Rande gedüngter Felder.

Schmetterlinge, die Ameisenbläulinge, legen gezielt ihre Eier auf uns Wiesenknöpfe ab. Ihre Raupen sind sehr heikel. Lieber verhungern sie, als auf eine andere Futterpflanze zu krabbeln.

In den Bauerngärten werden wir als Heilpflanzen geschätzt und in der Medizin zur Blutstillung verwendet. Nicht im rundlichen Blütenkopf, sondern in unserer Pfahlwurzel steckt diese heilende Kraft.

GROßER WIESENKNOPF

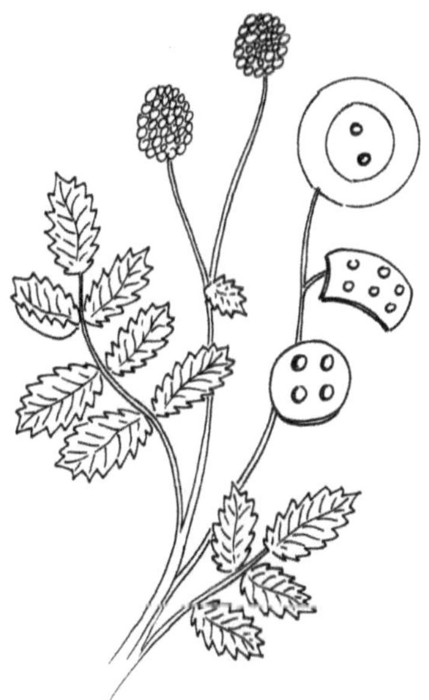

– Hilfsbereitschaft –

Haarmützenmoos – Harmonie

Wir sind eine uralte Familie und gehören zu den Laubmoosen. Viele Millionen Jahre vor dem Zeitalter der Saurier haben wir uns aus den im Wasser lebenden Grünalgen entwickelt. Somit sind wir die ersten Pflanzen auf dem festen Boden. Unsere einfache Struktur ermöglicht es uns, auf Baumrinden, Steinen oder Felsen zu überleben. Bei langer Trockenheit stellen wir auf Sparflamme um.

Unsere Widerstandsfähigkeit und Genügsamkeit machen uns weltweit zu richtigen Pionierpflanzen. Die Wurzeln verankern uns nur, denn das Wasser nehmen wir über unsere zierlichen Blättchen auf. Wie ein Schwamm saugen sie die Flüssigkeit auf und geben sie langsam wieder an die Umgebung ab. Die großen Moospolster werden oft als Wasserspeicher gelobt.

Wir Laubmoose bilden Pflänzchen mit weiblichen und männlichen Fortpflanzungsorganen aus. Ist es nass, dann schwimmen die männlichen Schwärmzellen zu den weiblichen Pflanzen.

Nach der Befruchtung der Eizelle entwickelt sich am Kopf eines haardünnen Stieles eine Sporenkapsel. Sie schaut aus wie eine winzige Mütze. Fällt schließlich der Deckel der Kapsel ab, dann verbreitet der Wind die zahlreichen winzigen Sporen. Aus den Sporen wachsen wieder weibliche und männliche Pflänzchen: Der Kreislauf ist geschlossen.

HAARMÜTZENMOOS

– Harmonie –

Kammmolch – Geborgenheit

Wir wechselwarmen Tiere sind von der Außentemperatur abhängig. Im Herbst fresse ich mir noch reichlich Fett auf die Knochen und verkrieche mich dann in ein frostsicheres Loch. Ich falle in eine Art von Winterstarre. Herzschlag, Atmung, Verdauung und andere Dinge laufen ganz langsam ab. Meine Fettreserven sichern mir in diesen Monaten das Überleben.

Dieses Jahr war es verdammt knapp. Es fehlte die schützende Schneedecke. Die vielen Frosttage hintereinander hätten mich beinahe umgebracht. Mit Sicherheit sind viele Jungtiere erfroren.

Nun bin ich auf dem beschwerlichen Weg zu meinem Geburtsgewässer. Ich muss mir ein Weibchen suchen und Nachwuchs zeugen. Mein prächtiges Hochzeitskleid wird sie beeindrucken. Einem Minidrachen gleich schwillt mein gezackter Kamm auf dem Rücken an. Auf der Seite des Schwanzes bildet sich ein silbergraues Längsband und am orange gefärbten Bauch zeige ich kräftige schwarze Flecken. Der ganze Aufwand ist nur dazu da, um die künftige Braut zu beeindrucken.

Ich bin eine Amphibie. Wir führen ein Doppelleben. Als Larve lebe ich im Wasser und atme mit Außenkiemen. Später, als Landbewohner, atme ich mit einer Lunge.

KAMMMOLCH

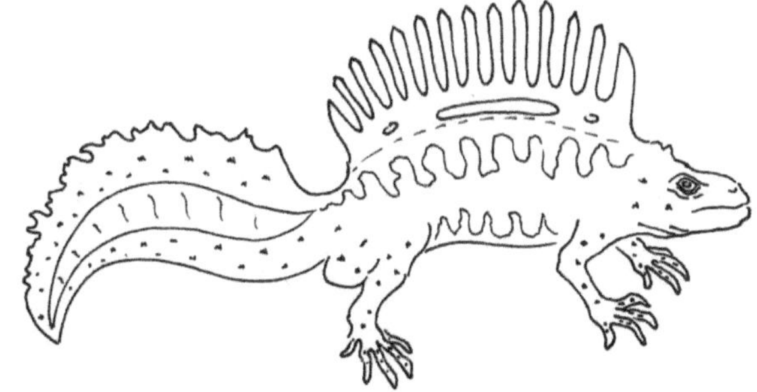

– Geborgenheit –

Kampfhahn – Konfliktfähigkeit

Ich kann auch nicht aus meiner Haut schlüpfen. Das Kämpfen ist mir gewissermaßen ins Ei gelegt: Im Nu schwillt mein Kamm an, wenn ich einen Artgenossen erblicke.

Die scharfen Sporen oberhalb der Krallen sind eine gefährliche Waffe. Mit meinem Schnabel schlage ich tiefe Wunden. Rasch fliegen die Federn und es fließt Blut. Kein Wunder, schließlich züchten uns die Zweibeiner auf Aggressivität.

Das Krähen um die Wette, bis mir die Kehle austrocknet, ist nicht mein Ding. Viel lieber will ich in einer engen Arena auf Leben und Tod kämpfen. Zahlreiche Duelle habe ich schon gewonnen und meinem Besitzer durch die Siege reichlich Ansehen und Geld gebracht. Er kümmert sich auch fürsorglich um mein Wohlergehen bis zum nächsten Auftritt.

Schriftliche Hinweise aus China, Indonesien und anderen Ländern, teils bereits vor Christi Geburt, bestätigen diesen „königlichen Sport" mit ganz klaren Spielregeln. Der Einsatz von künstlichen Sporen aus Metall oder gar Rasierklingen erhöht das blutige Schauspiel.

In Europa hingegen ist aus Gründen des Tierschutzes der Hahnenkampf zu Recht verboten.

KAMPFHAHN

– Konfliktfähigkeit –

Keulen-Bärlapp – Inspiration

Auch wir Bärlappe sind ein uraltes Gewächs. Hunderte von Millionen Jahren haben wir bereits auf dem Buckel.

Wie unser Name erklärt, hat unser Sporenbehälter die Form einer Keule. Die Fortpflanzung läuft wie bei den Moosen oder Farnen ab, nämlich durch Generationswechsel.

Unsere Ausläufer kriechen ganz flach über den Boden. Wenig schmeichelhaft bezeichnet der Volksmund diese Art des „Auseinanderwachsen" als des „Teufels Schuhsenkel".

Und die fettreichen Sporen werden gar „Hexenmehl" genannt. Kein Wunder, schließlich wurde unser Pulver bereits im Mittelalter für allerlei Zaubertricks eingesetzt.

Noch heute sind unsere Sporen in der Medizin gegen viele Hauterkrankungen begehrt. Sie sind so fettreich, dass sie mit einem Blasrohr in eine Flamme eingeblasen gar wie ein Blitz verpuffen.

Gerne verwenden Theatermacher und Feuerspucker unsere Bärlappsporen deshalb für verblüffend mächtige Stichflammen. Das Publikum ist beeindruckt.

KEULEN-BÄRLAPP

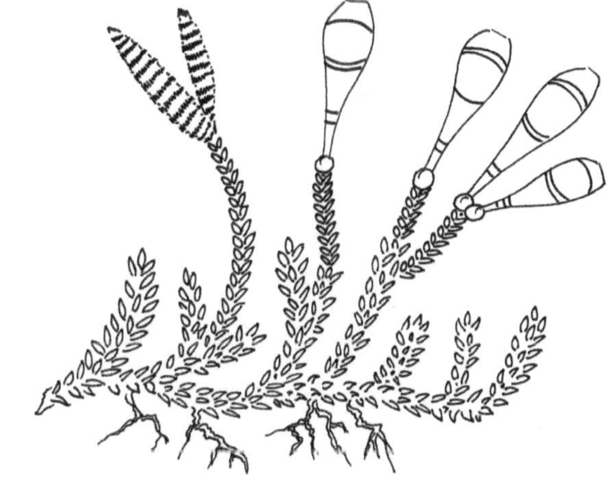

– Inspiration –

Klapperschlange – Konzentration

Vor einigen Sonnenuntergängen habe ich eine Ratte erbeutet. Mein Gift hat sie rasch getötet. Weglaufen nützte ihr nichts mehr, denn es ist mir ein Kinderspiel, die Duftspur des Opfers zu verfolgen. Beim Schlucken des ganzen Tieres stören mich die Giftzähne nicht. Außerdem können wir Schlangen den Kiefer leicht verschieben. Nun liege ich träge im Halbschatten eines Busches. Meine Organe sind mit der Verdauung des Nagers beschäftigt.

Ich bin eine Texas-Klapperschlange. Falls mich nicht ein Kojote frisst oder ein ängstlicher Mensch erschlägt, werde ich wohl die Länge eines Langbogens erreichen.

Die Erschütterung des Bodens macht mich auf der Stelle hellwach. Blitzschnell ringle ich mich zu einem Haufen zusammen und klappere mit den Hornleisten am Schwanz. Meine ringförmigen Schuppen am Schwanzende wechsle ich nie. Bei jeder Häutung verlängert sich die Schwanzrassel.

Vor einem Vollmond haben mich die Hopi-Indianer gefangen. Die mutigsten Männer drehten sich mit uns Klapperschlangen im Tanz. Wir sollen die Verbindung zu den Naturgeistern herstellen und endlich den lang erwarteten Regen schicken. Viele meiner Vorfahren wurden „gemolken“, um die Pfeilspitzen mit Gift zu bestreichen. Bei den Ureinwohnern werden wir verehrt. Wir gelten als Symbol für Leben und Tod.

KLAPPERSCHLANGE

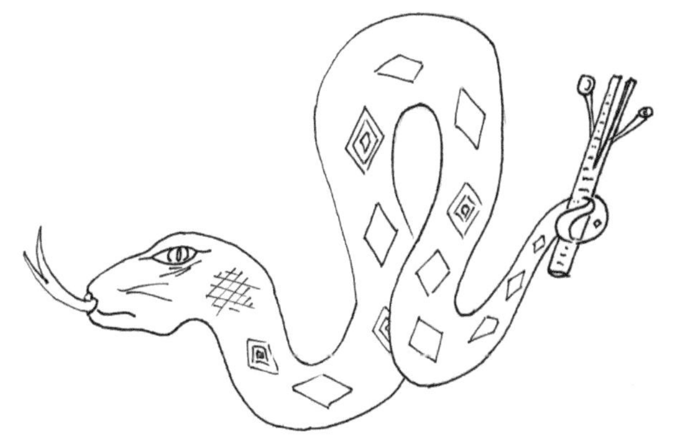

– Konzentration –

Kopffüßler – Effektivität

Meine verwandten Vorfahren, die Ammoniten, sind bereits ausgestorben. Während des großen Saueriersterbens hat es sie auch erwischt. Millionen Jahre später zählt das Muster ihrer versteinerten Gehäuse zu den Naturwundern.

Aber wir Riesenkalmare leben noch. Bitte, verwechselt uns nicht mit den Kraken. Die besitzen nämlich nur vier Armpaare. Wir gehören zum Stamm der Weichtiere. Unser Körper hat weder Knochen als Stütze noch harte Schalen oder gar einen Panzer.

Unsere Jungen werden durch die Meeresströmungen weltweit verbreitet. Mit zunehmender Größe tauchen sie immer tiefer Richtung Meeresgrund. Kaum ein Lichtschimmer dringt in unseren Lebensraum. Um unsere Beute zu erwischen, hat uns die Natur mit den größten Augen aller Lebewesen ausgestattet. Sie sind so groß wie ein Fußball. Bei Gefahr oder wenn wir uns aufregen, können wir sogar unsere Körperfarbe wechseln. Über den sehr beweglichen Trichter stoßen wir zusätzlich eine Ladung Tinte aus, um den Angreifer zu verwirren. Der Rückstoß treibt uns schnell aus der Notlage.

Unser Maul schaut aus wie der Schnabel eines Riesenpapageis. Rundherum wachsen acht bewegliche Arme aus dem Kopf. Zusätzlich zwei gewaltig lange Fangarme, die Tentakel.

Kronenkranich – Schönheit

König:innen oder Prinzess:innen tragen zu besonders festlichen Anlässen eine Krone, doch unsere goldgelbe, buschige Federkrone auf dem Hinterhaupt schmückt uns ein ganzes Leben lang.

Wir sind eine gesellige Vogelart. Aber während des Brutgeschäftes ziehen wir uns paarweise zurück. Unsere ganze Aufmerksamkeit gilt der Aufzucht des Nachwuchses.

Wir lieben die Uferbereiche der Seen und mächtiger Flüsse. Auf Schilfinseln bauen wir unser Nest. Das umgebende Wasser ist der beste Schutz für unsere Küken. Sie sind Nestflüchter. Droht Gefahr, hüpfen sie ins Wasser. Von Geburt an sind sie bereits ausgezeichnete Schwimmer. Im flachen Wasser schlafen wir im Stehen.

Im Sommer stopfen wir unsere Mägen mit Heuschrecken, Mäusen, Eidechsen, Fröschen und kleineren Fischen. Rasch lernt jeder Jungvogel von uns Alten folgenden erfolgreichen Trick: Stampfe mit einem Fuß kräftig auf den Boden, denn damit scheuchst du die Beutetiere auf. Keine Bewegung entgeht unseren scharfen Augen. Blitzschnell wird der Happen aufgepickt.

Die Klimaerwärmung macht auch uns Probleme. Unser Lebensraum, die Feuchtgebiete, trocknet langsam aus. Was nützt uns die Ehre als Wappentier von Uganda, wenn fast täglich unser Lebensraum schrumpft?

Langnasen Doktorfisch – Flexibilität

Natürlich bin ich kein Tierarzt. Auch habe ich keinen Bock, mich um andere kranken Fische zu kümmern. Mein hornartiger Stirnhöcker – er wächst und wächst – ist eine Plage. Die Meeresforscher nennen mich deshalb auch „Einhornfisch".

Als junger Fisch habe ich noch mit Genuss die Algen von den Korallen geweidet. Nun, im Alter, steht mir die lange „Nase" völlig im Wege. Um nicht zu verhungern, musste ich eine Nahrungsumstellung lernen. Deshalb jage ich in Nähe der Riffe dem Zooplankton nach. Das sind winzige, für mich besonders köstliche Tierchen.

Greift mich ein Fressfeind an, dann schlage ich ihn mit meinen zwei Paar scharfen Dornen an der Schwanzwurzel in die Flucht. Auch zudringliche Taucher kann ich mit meiner heftigen Waffe verletzen.

Am liebsten halte ich mich im warmen Meerwasser auf, zum Beispiel im „Roten Meer". Das Schwarmverhalten anderer Fischarten liegt mir überhaupt nicht. Gerne mache ich mich allein oder mit wenigen Verwandten auf die Flossen, um das Futter zu suchen.

Leider bleichen die Korallen durch die Klimaerwärmung aus und sterben.

Lippenbär – Einfachheit

Mein Verwandter, der Grizzlybär, ist das stärkste Landraubtier auf der ganzen Welt. Aber wir sind mit Abstand die Grantigsten von der Bärenfamilie.

Immer mehr Menschen streifen durch unser Revier. Sie sammeln Feuerholz, schlägern Bäume und Bambus oder ernten Honig von den Wildbienen. Überraschen uns die Zweibeiner, greifen wir aggressiv an. Für viele Menschen endet die Begegnung mit schweren Verletzungen oder gar mit dem Tod.

Die tropischen Regenwälder in Indien, Nepal oder Bangladesch sind unsere letzten Rückzugsgebiete. Weil unser Lebensraum durch die Zerstörung ständig schrumpft, kommt es häufig zu Konflikten.

Die verschiedenen Früchte des Waldes und volle Bienenwaben munden mir sehr. Aber wahre Köstlichkeiten sind Ameisen und Termiten. Mit meinen kräftigen Krallen lege ich ihre Bauten frei. Anschließend sauge ich die knackigen Insekten mit meinen geschmeidigen Lippen auf. Damit mir die Winzlinge nicht in meine Nasenlöcher krabbeln, kann ich sie verschließen.

Leider ist unsere Bärengalle ein begehrtes Mittel in der asiatischen Medizin. Manche glauben, dass ihre Flüssigkeit gegen Schmerzen hilft. Dieser Aberglaube kostet vielen von uns Kopf und Kragen.

LIPPENBÄR

– Einfachheit –

Maulwurfsgrille – Zielstrebigkeit

Das weite Hüpfen oder gar Fliegen haben wir längst verlernt. Trotzdem gehören wir zur großen Familie der Heuschrecken. Statt auf den Wiesen herumzuspringen wie unsere Verwandten, halten wir uns lieber unterirdisch auf.

Würmer, Maden oder anderes kleines Getier finde ich ausgezeichnet. Aber auch Engerlinge und Schneckeneier stehen auf meiner Speisekarte. Natürlich beiße ich auch störende Pflanzenwurzeln beim Tunnelbau ab. Gepflegte Gemüsegärten ziehen mich deshalb magisch an. Hier wühle ich mich besonders gern durch das lockere Erdreich.

Beim Graben meiner Gänge kann ich keine Rücksicht auf die aufgehende Saat machen. Ich verdränge einfach die Wurzeln oder die jungen Pflanzen an die Oberfläche. Den Zweibeinern gefällt meine Arbeit ganz und gar nicht. Sie rächen sich oft mit Verfolgung und Gift.

Bei den Tieren fürchte ich die Amseln oder Hühner mit ihren scharfen Augen. Auch der Igel ist nicht mein Freund: Mit seiner feinen Nase hat er schon viele meiner Artgenossen aufgestöbert und gefressen.

Besonders gern grabe ich während der Nacht. Meine kräftigen Vorderfüße sind richtige Grabschaufeln. Manchmal buddle ich ziemlich steile Gänge in die Tiefe, um meine Vorratskammer oder die Bruthöhle anzulegen.

MAULWURFSGRILLE

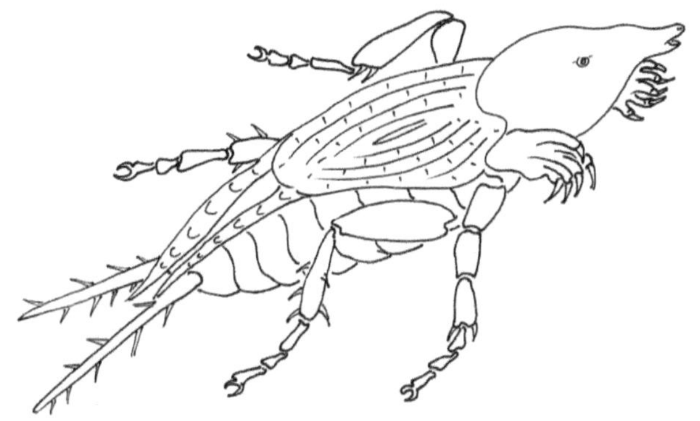

– Zielstrebigkeit –

Mondfisch – Umweltbewusstsein

Wir sind Verwandte der bekannten Kugelfische, die sich bei Gefahr „aufblasen" müssen. Diesen billigen Trick mit dem Wasserschlucken brauchen wir nicht. Schließlich gehören wir weltweit zu den schwersten Knochenfischen. Wir wachsen locker drei Meter lang und bringen ausgewachsen mehr als zwei Tonnen Gewicht auf die Waage.

Trotzdem legen wir Mondfische winzig kleine Eier. Sie sind nur etwa so groß wie ein Bleistiftpunkt. Dafür halten wir von allen Fischen den Weltrekord mit rund 300 Millionen Eiern pro Weibchen. Eine wahre Eierschwemme! Damit unsere Larven nicht gleich von den vielen Fressfeinden vernascht werden, sind sie anfangs mit langen Stacheln geschützt.

Im offenen Meer fressen wir erwachsenen Mondfische mit Vorliebe Quallen. Uns mangelt es nicht an dieser Nahrung, denn die Klimaerwärmung spielt den gallertartigen Tieren in die Karten.

Durch die Überfischung der Meere fehlen die natürlichen Feinde der Quallen. Die Verschmutzung der Meere mit Plastikmüll ist ein weiterer Grund für ihre Verbreitung: An diesen Teilen heften sich die Larven der Nesseltiere an. Es entwickelt sich ein festsitzender Polyp, der viele frei schwimmende Medusen erzeugt. Wir Fische, Delfine, Haie oder Meeresschildkröten schaffen es einfach nicht mehr, die Massenvermehrung der Quallen in Schach zu halten.

MONDFISCH

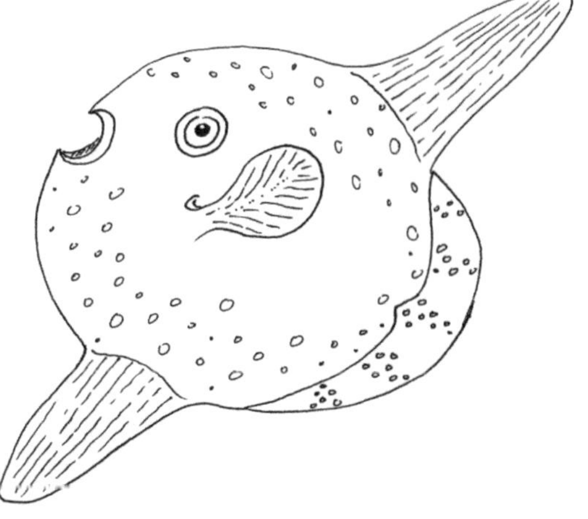

– Umweltbewusstsein –

Mördermuschel – Schutz

Ich gehöre zur größten aller bekannten Muschelarten. Tatsächlich schaffe ich mehr als einen Meter Länge und ungefähr 300 Kilogramm Gewicht.

Mein Platz sind die bunten Korallenriffe. Zusammen mit den Algen bilde ich eine Lebensgemeinschaft. Diese Winzlinge leben gut geschützt in meinem Mantelsaum. Als Gegenleistung erhalte ich dafür Sauerstoff und organische Substanzen.

Lügner behaupten, dass wir mit weit geöffneten Schalen zwischen den Korallen lauern. Tappt ein Taucher mit seinen Händen oder Füßen in unseren Weichkörper, dann schnappt die Falle zu. Wir halten das Opfer fest, bis es jämmerlich ertrinkt.

Alles erfunden und gelogen. Wohl können wir beide Schalenhälfte mit gewaltiger Kraft schließen, aber so langsam, dass sich jeder rechtzeitig zurückziehen könnte. Wir sind daher völlig harmlos.

Vorwiegend im asiatischen Raum droht uns die größte Gefahr. Viele Menschen glauben, dass durch den Verzehr unseres Schließmuskels ihre sexuelle Lust zunimmt. So ein Schwachsinn!

Diese Dummheit sowie die Geldgier der Menschen kostet uns das Leben. Wir sind vom Aussterben bedroht. Auch wir stehen leider schon auf der Roten Liste.

MÖRDERMUSCHEL

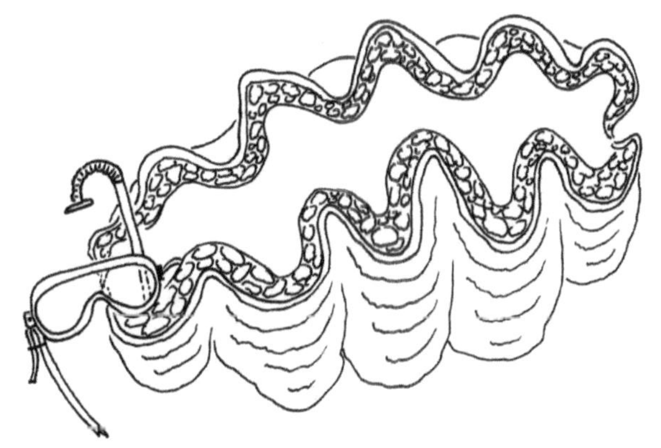

– Schutz –

Mörtelwespe – Tatkraft

Ich muss die Insektenfreunde wohl sehr beeindruckt haben, wenn sie mir zusätzlich die Namen „Orientalische Mauerwespe" und „Asiatische Lehmtopfwespe" gaben. Aufgrund unserer sehr langen Wespentaille kann uns jeder von den normalen Wespen unterscheiden.

Meine ursprüngliche Heimat beschränkte sich auf Indien und Nepal. Einige Eier meiner Vorfahren, gut geschützt und verpackt im Tönnchen aus Lehm, haben die lange Reise nach Europa überlebt.

Ich brauche einen wassersicheren Platz, damit sich meine gebauten Lehmtönnchen nicht auflösen. Unter dem Vordach von Häusern oder an alten Tür- und Fensterstöcken fertige ich für meine Brut feine Wohnungen. Einen ganzen Tag lang muss ich fleißig Baumaterial heranschaffen, um eine einzige Zelle fertigzustellen. Sind einige Tönnchen bis auf den Deckel fertig, schleppe ich für jede Brutzelle mehr kleine Spinnen heran, als ich Beine besitze. Die Tierchen sind alle betäubt. Keines kann mehr flüchten.

Nachher lege ich zum Lebendfutter rasch ein einziges Ei dazu und verschließe den Behälter mit einem Deckel. Schlüpft die Larve aus dem Ei, kann sie sich am Vorrat des Lebendfutters gesund ernähren. Nach der Verpuppung zur fertigen Mörtelwespe stoßen meine Nachkommen den Deckel auf und fliegen in die Freiheit.

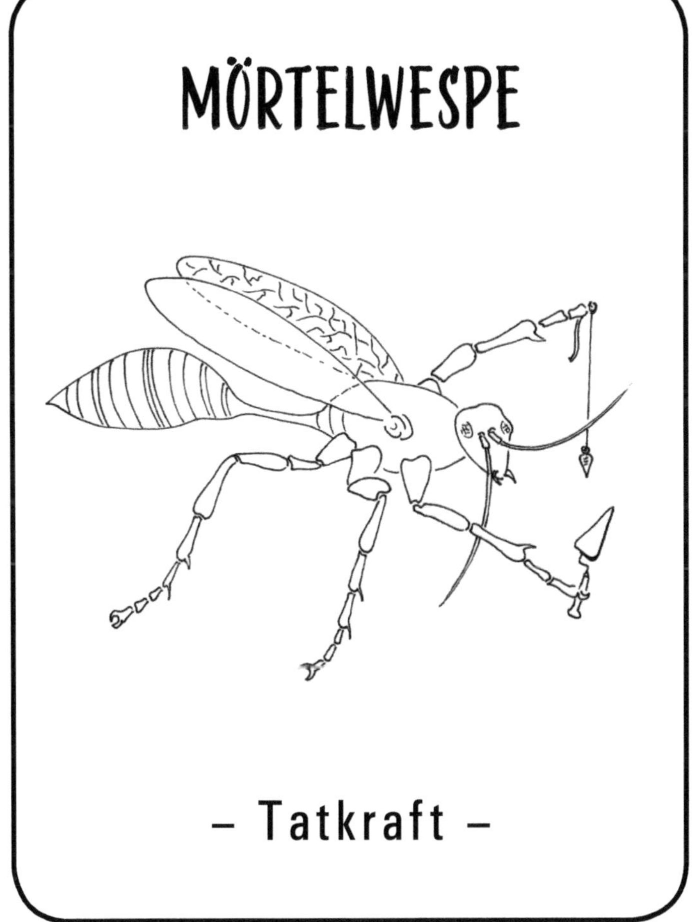

Nagelrochen – Frieden

Wir Rochen sind ein uraltes Geschlecht. Eine Doppelreihe hakenförmiger Dornen zieht sich über meinen Rücken bis zur Schwanzspitze. Die Meeresforscher haben mir deshalb den Namen „Nagelrochen" verpasst.

Mein Lebensraum sind die Küstengebiete vor Europa und Afrika. Ich bin ein friedfertiger Knorpelfisch. Mein Verwandter, der Stachelrochen, hingegen wehrt sich heftig bei Bedrohung. Seine hochgiftigen Stacheln mit den Widerhaken können aufdringliche Taucher tatsächlich in Lebensgefahr bringen.

Bei uns Rochen besteht das ganze Skelett aus leichten und elastischen Knorpeln. Deine Nasenspitze oder die Ohren sind aus demselben Material aufgebaut. Wir können nicht einfach wie viele Knochenfische im Wasser schweben, denn es fehlt uns die Schwimmblase. Deshalb müssen wir – und auch die Haie – immerzu schwimmen. Andernfalls sinken wir langsam zu Boden.

Im Laufe von Millionen von Jahren haben wir uns bestens angepasst. Mit Leichtigkeit schnappe ich mir fußlahme Beutetiere: Seesterne, Seeigel, Krebse oder Muscheln und auch unvorsichtige Jungfische sind meine Leibspeise. Im Nu kann ich mich mit ein paar Flossenschlägen in den feinen Sand einbuddeln. Nach dem Einziehen meiner Augen bin ich bestens getarnt.

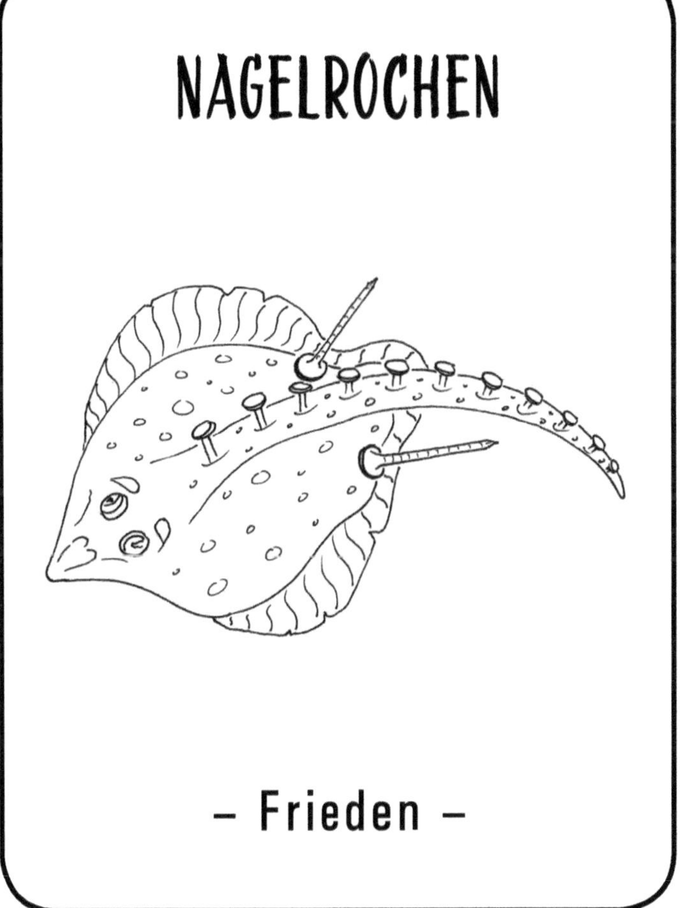

Nashornvogel – Rücksichtnahme

Unsere Vogelfamilie ist in den Tropen Afrikas und Asiens beheimatet. Mein auffälliger Schnabel täuscht: Er ist aus hohlen Knochenzellen aufgebaut und federleicht. Mit der Schnabelspitze kann ich gezielt Früchte von den Bäumen pflücken oder knackige Insekten vom Boden aufklauben.

Meinen Schnabel benutze ich so geschickt wie die Menschen ihre Finger. Bevorzugt vertilge ich Mäuse, kleine Schlangen und sogar giftige Skorpione. Weil die Kanten meines Schnabels fein gezähnt sind, kann ich größere Beute leicht zerkleinern.

Um uns vor Nesträubern wie frechen Affen und Schlangen zu schützen, ziehen wir unseren Nachwuchs in Baumhöhlen auf. Mein Weibchen verschließt von innen das Schlupfloch bis auf einen kleinen Spalt. Kleine Rindenstückchen, eigener Nahrungsbrei und Kot dienen als Baumaterial. Ich liefere im Flug Lehmbatzen, die das Gemenge verdichten.

Während der Brutzeit von rund drei Vollmonden versorge ich mein Weibchen mit Nahrung. Sie braucht keinen Schluck Wasser, denn saftige Früchte reichen als Durstlöscher.

Brutale Waldrodungen und gelegte Brände bedrohen uns am stärksten. Der Platz zum Leben wird immer kleiner, denn die uralten Bäume mit den Bruthöhlen verschwinden.

NASHORNVOGEL

– Rücksichtnahme –

Nilpferd – Freude

Ich gehöre zur Familie der Flusspferde. Trotz des Namens haben wir nichts mit Pferden zu tun. Unsere engsten Verwandten sind die Wale. Der Name Nilpferd ist uns geblieben, weil meine Urahnen früher am Fluss lebten.

Obwohl ich dick und schwerfällig aussehe, bin ich auf kurzer Strecke flotter unterwegs als der schnellste Mensch. Wir sind Allesfresser. Hauptsächlich futtern wir täglich stundenlang Pflanzen. Auch ein bereits totes Tier wie ein Gnu oder Zebra schmeckt uns als Nahrungsergänzung ausgezeichnet.

Unsere aalglatte Haut ist sehr empfindlich gegen einen Sonnenbrand. Deshalb stapfen wir lieber in der kühlen Nacht aufs Land, um zu fressen. Regelrechte Trampelpfade führen zu den Weideflächen. Tagsüber dösen wir mit Genuss im kühlen Wasser. Unser tonnenförmiger Körper hat einen gewaltigen Auftrieb. Trotzdem ist Schwimmen nicht unsere Sache. Lieber laufen wir am Gewässergrund. Beim Tauchen können wir jederzeit die Nasenlöcher und Ohren verschließen.

Die Bullen kämpfen heftig um uns Weibchen. Mit den starken Hauern fügen sie sich sogar blutige Wunden zu. An Land grenzen die Männchen ihr Revier mit großen Dunghaufen ab. Auch im Wasser verteilen sie mit schnellen Schwanzbewegungen ihren Kot. Der Geruch soll andere Bullen warnen.

Nonnengans – Mut

Unser schwarz-weißes Federkleid erinnert an eine Tracht der Nonnen. Weit im hohen Norden, in der Arktis, brüten wir in Kolonien. Vor Fressfeinden geschützt liegt unser Nest, mit weichen Daunen ausgepolstert, auf den Felsvorsprüngen der hohen Klippen.

Kaum aus dem Ei geschlüpft, packt uns ein innerer Drang: Wir Nestflüchter können es kaum erwarten, in das Abenteuer Leben zu springen! Leider reicht unser Federflaum nicht zum Fliegen. Um nicht auf den nackten Felsen zu verhungern, müssen wir „Meergänse" uns deshalb mutig ins Ungewisse stürzen.

Unsere Eltern locken uns vom Wasser aus. Die Füßchen und die kurzen Flügel weit gespreizt, fallen wir in die Tiefe. Als leichter Federnbalg überleben wir den Aufprall aufs Wasser zumeist ohne Schaden. Doch für manche von uns Küken endet der Fall tödlich. Am Fuße der Klippen holen sich Polarfuchs und Großmöwen die Verunglückten. Auch sie brauchen Futter für ihren Nachwuchs.

Wegen der Mitternachtssonne können wir den ganzen Tag lang die begehrten Moose und Flechten zupfen. Rasch nehmen wir an Gewicht zu und werden flügge. Schwimmen ist uns ohnehin bereits in das Ei gelegt.

Wir sind Zugvögel. Gemeinsam mit unseren Eltern und Verwandten fliegen wir zum Überwintern in den Süden.

Perlhuhn – Verbundenheit

Ich bin eine Henne und gehöre zur Familie der Hühnervögel. Wir wilden Perlhühner sind ausschließlich in Afrika zu Hause. Auf dem dunklen Federkleid schmücken uns zahlreiche weiße Tupfen wie ein Haufen Perlen. Nur der kleine Kopf und der Hals sind nackt. Auffallend bunt ist dafür die Haut.

Mit den kräftigen Krallen an den Füßen und dem starken Schnabel können wir ausgezeichnet Boden umgraben und nach Fressbarem suchen: Wurzeln, Samen, Früchte und Blüten schmecken uns ausgezeichnet. Aber wir haben auch nichts dagegen, wenn wir unsere Kost mit Spinnen, Tausendfüßler oder Insekten aufbessern. Als Allesfresser leiden wir kaum Futtermangel.

Beim Brüten des Geleges aus rund zehn Eiern sitze ich fast dauernd auf dem Nest. Aber mein Partner, der Hahn, bewacht mich während der Brutzeit ganz in der Nähe. Sofort nach dem Schlupf stehen unsere Küken auf ihren eigenen Beinen. Sie sind Nestflüchter. Gemeinsam streifen sie mit uns Eltern durch die Gegend und suchen sich ihr eigenes Futter.

Auf Schlafbäumen verbringen wir sicher die Nacht. Raubkatzen fürchte ich am meisten. Sie sind mir nicht geheuer. Unser zartes Fleisch ist so begehrt, dass wir als Beute verfolgt werden.

Perlpilz – Nahrung

Neben den Pflanzen und Tieren bilden wir Pilze ein eigenes Reich. Weltweit sind wir verbreitet. Brauchen die Pflanzen das Sonnenlicht zum Überleben, so können wir gänzlich darauf verzichten. Denn wir richtigen Pilze (Pilzmyzel) wachsen nur im Verborgenen, im Dunklen. Unser reich verzweigtes Geflecht holt sich die Nahrung aus abgestorbenen oder lebenden Stoffen der Umgebung. Der vermeintliche Pilz an der Oberfläche ist unser Fruchtkörper. Er trägt die unzähligen Sporen.

Viele „Pilze" sind begehrte Köstlichkeiten. Andere wiederum sind ungenießbar oder giftig. Bauchschmerzen, Muskelzuckungen, Verwirrtheit und gar Bewusstlosigkeit sind die schrecklichen Folgen. Auch ich habe leider einen giftigen Doppelgänger, und zwar den Pantherpilz. Es zahlt sich aus, die wichtigsten Speisepilze sicher zu kennen.

Ich bin einer der häufigsten Sommerpilze. Wenige Regentage genügen und dann schießen meine Fruchtkörper wie die berühmten Schwammerl aus der Erde. Besonders die Fliegenmaden gehen mir auf den Geist. Ständig fressen sie Gänge in meinen Stiel und Hut. Diese Verletzungen färben sich auffallend weinrot.

Ohne unsere Fähigkeit, die verschiedensten Stoffe wieder in ihre Grundbausteine zu zerlegen, wäre der Kreislauf in der Natur nicht möglich.

PERLPILZ

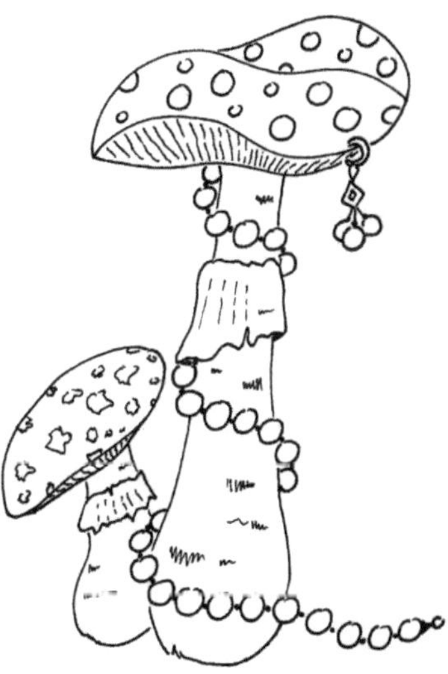

– Nahrung –

Pfauenziege – Ordnung

Ich bin eine richtige Gebirgsziege. Meine harten Klauen geben mir auch im felsigen Gelände Trittsicherheit. Ich bin schwindelfrei und habe keine Angst. Besonders stolz bin ich auf meine Fellzeichnung. Ich schaue nämlich aus wie ein halbes Zebra.

Im Vergleich zu den männlichen Tieren, den Böcken, tragen wir nur bescheidene Hörner. Wir Weibchen passen fürsorglich auf unseren Nachwuchs auf. Sogar gegen den mächtigen Steinadler verteidigen wir unsere Kitze.

Wir Ziegen suchen stets neue Leckerbissen. Neben den saftigen Gräsern und Kräutern der Almen schmecken uns auch die Heidelbeeren und Preiselbeeren. Gerne kraxeln wir außerdem auf schräg stehende Baumstämme, um im ersten Stock das Laub der Erlen oder ihre Nadeln zu fressen. Wir Pfauenziegen sind eine neugierige Haustierrasse. Auch der giftige Eisenhut hält uns nicht von einer Kostprobe ab.

Nach dem Fressen werden Gras, Blätter, frische Zweige oder auch Stroh wieder hochgewürgt und neuerlich zerkleinert. Danach gelangt der Nahrungsbrei in vier verschiedene Magenabschnitte und wird dort verdaut.

Baut uns der Bauer einen offenen Unterstand als Schlafplatz, fühlen wir uns wie zu Hause. Sorgt der Besitzer zudem für eine regelmäßige Salzleckstelle, dann verschwinden wir nicht auf fremde Almen.

PFAUENZIEGE

– Ordnung –

Rippenfarn – Gemeinschaft

Ich bin stolz auf mein Dasein. Schließlich bin ich der einzige Vertreter aus der Familie der Rippenfarngewächse in Mitteleuropa. Am Fuße der Nadelwälder fühle ich mich wohl. Eher feuchte Plätze sind nach meinem Geschmack, starkes Sonnenlicht passt mir dagegen nicht wirklich. Meine Blätter, die Wedel, sind gefiedert. Sie tragen auf der Unterseite die Sporenbehälter, die sogenannten „Sori".

Mit den Bärlapppflanzen und den Schachtelhalmen haben wir vor unendlich langen Zeiten riesige Wälder gebildet. Groß und stark waren wir seinerzeit wie die heutigen Bäume. Riesenlibellen flitzten damals über die Sümpfe. Ihre Flügelspannweite betrug einen Dreiviertelmeter.

In den ausgedehnten Sumpfwäldern herrschte im Laufe von Millionen Jahren ein Wachsen, Absterben und Versinken. Es fehlte der Sauerstoff. Bakterien konnten die Pflanzenreste nicht zersetzen. Allmählich bildete sich eine mächtige Torfschicht.

Von Ozeanen überschwemmt und immer wieder mit Sand, Schlamm und Geröll überdeckt, sanken die Torfschichten tiefer. Das Gewicht des darüber liegenden Materials erzeugte einen enormen Druck. Im Gleichklang stieg auch die Temperatur an. Der einsetzende Umwandlungsprozess verwandelte meine Urahnen schließlich in die heute von den Menschen genutzte Steinkohle.

RIPPENFARN

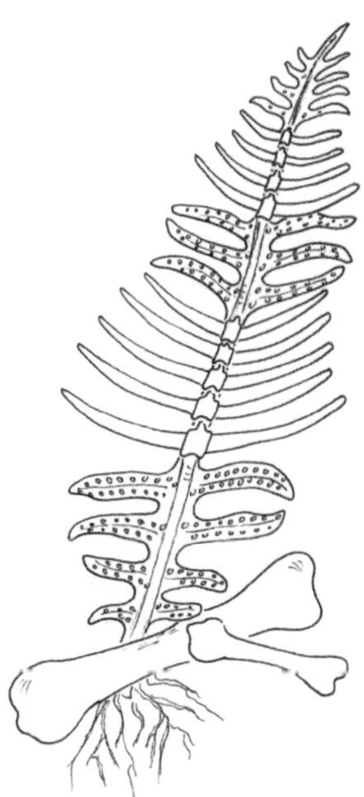

– Gemeinschaft –

Säulenkaktus – Aufrichtigkeit

Ich bin eine berühmte Art aus der Familie der Kakteengewächse. Kein Wunder, schließlich rage ich in der freien Natur wie ein Baum kerzengerade in die Höhe und schaffe locker die Größe eines Apfelbaumes.

Monatelange Trockenheit macht mir keine Probleme. Meine derbe Haut schützt mich vor Verdunstung. Außerdem kann ich während der Regenzeit Unmengen an Wasser in meinem fleischigen Stamm speichern.

Karge, wüstenähnliche Landschaften in Südamerika sind meine Urheimat. Die Blätter, die du von den Laubbäumen, Sträuchern oder Blumen kennst, sind bei uns Kakteen zu Stacheln umgebildet. Ein Kniff der Natur, um Wasser zu sparen. Die Dornen wachsen aus den Pölsterchen, die gleichmäßig auf den Rippen unseres Stammes verteilt sind.

Auch die prächtigen weißen Trichterblüten entspringen aus diesen Erhebungen. Wie durch Zauberhand öffnen sich diese Blüten nur nachts.

Wir haben ein gutes Verhältnis zu den nachtaktiven Fledermäusen. Sie erledigen für uns nämlich die Bestäubung. Tagsüber ist der „Nektarladen" für andere Tiere geschlossen. Mit dem Lebenselement Wasser gehen wir so sorgsam um, dass wir als einzige Pflanze auch während der Trockenzeit Blüten und Früchte tragen.

SÄULENKAKTUS

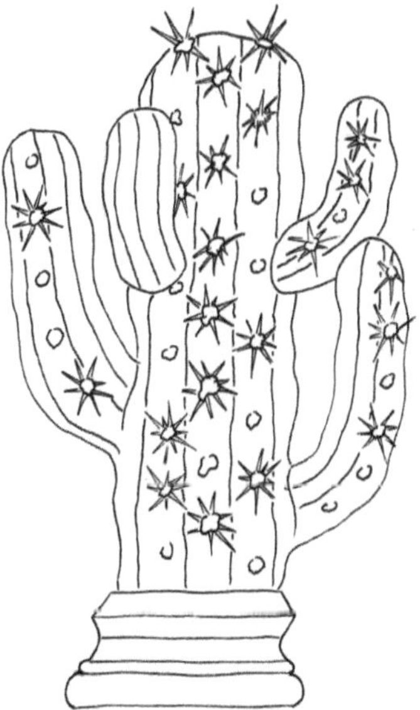

– Aufrichtigkeit –

Schnabeligel – Lebensfreude

Ich bin ein Kurzschnabel-Ameisenigel und lebe in Australien. Pflanzenkost ist nicht meine Sache, denn ich wurde als reiner Fleischfresser geboren. Locker zerlege ich mit meinen Grabkrallen alle möglichen Insektenbauten. Mit meiner sehr langen Zunge fische ich mir dann die köstlichen Ameisen und Termiten heraus.

Sinken die Temperaturen stark, fehlt es an Wasser oder erwische ich keine Nahrung, falle ich in eine Art Kältestarre. Alle meine Körperfunktionen arbeiten auf Sparflamme. So kann ich auch in schlechten Zeiten wochenlang überleben.

Tagsüber döse ich geschützt in hohlen Baumstämmen oder Erdhöhlen. In der Dämmerung mache ich mich auf die Futtersuche.

Wir Ameisenigel sind eine außergewöhnliche, noch lebende Art der Säugetiere, sogenannte „Kloakentiere“. Wir gebären keine Jungen, sondern legen ein Ei. Nachher wird das Ei in einem warmen Bauchbeutel ausgebrütet. Wachsen dem Nachwuchs die ersten Stacheln, dann muss der Kleine den Beutel verlassen.

Die Verteidigung mit dem Trick der Stachelkugel hilft dem Nachwuchs wenig. Fuchs und Dingos sind die größten Feinde der Jungen. Wir Alten verlieren unser Leben häufig beim Überqueren der Straßen.

Schuhschnabel – Entspannung

Afrika ist meine Heimat. Schilfbewachsene Seen und Sümpfe sind mein Lebensraum.

Im Röhricht bin ich vor Feinden sicher. Wasserböcke und die fetten Flusspferde trampeln mir bequeme Gassen ins Schilfmeer. Hier schreite ich gut voran und lauere geduldig auf meine Beute. Kein anderer Schuhschnabel streitet sich mit mir um mein Revier. Wir sind sture Einzelgänger.

Mein Riesenschnabel macht mich in der Vogelwelt zum Star. Schönheitspreis werde ich damit zwar keinen gewinnen, aber die hakenförmige Spitze am Oberschnabel hält jede schlüpfrige Beute fest.

Praktisch sind auch meine langen Beine und die sehr langen Zehen. Sie verhindern das Einsinken im Morast.

Vor allem Fische, Frösche, Eidechsen und Schlangen stehen auf meiner Fressliste. Junge Wasserschildkröten passen auch gut in meine große Klappe. Ihr Panzer schützt sie nicht vor meinem Hunger.

Beim Zustoßen gerät mein Gleichgewicht außer Kontrolle. Blitzschnell muss ich mich dann mit den Flügeln am Boden abstützen, damit ich nicht einen Purzelbaum schlage.

Schützenfisch – Entwicklung

Im Überschwemmungsgebiet der Mangrovenwälder fühle ich mich wohl. Das Brackwasser, eine Mischung aus Meerwasser und Süßwasser, schmeckt meinen Kiemen. Zwischen den Luftwurzeln der Bäume treibe ich mich als Einzelgänger umher.

Knapp unter der Oberfläche bin ich ständig auf der Suche nach Insekten. Ich halte Ausschau nach Fliegen, Ameisen, Heuschrecken, Raupen oder Schmetterlingen.

Sehe ich ein Tier auf einem Blatt sitzen, dann richte ich meinen ganzen Körper auf das Ziel aus. Meine Jagdtechnik ist einmalig: Das Maul prallvoll mit Wasser gefüllt, ziehe ich blitzschnell meine beiden Kiemendeckel zusammen. Der Druck erzeugt einen scharfen Wasserstrahl. Wie aus einer Wasserpistole geschossen, treffe ich meine Beute. Sie plumpst ins Wasser und wird geschluckt.

Kein Meister fällt vom Himmel. Auch ich habe als Jungfisch viel geübt. Der Hunger war und ist mein bester Lehrmeister: Verfehle ich mein Ziel, dann muss ich nämlich weiter hungern.

Sicher kannst auch du spucken. Aber nur auf den Boden. Ich hingegen treffe mein Ziel mit einem steilen Schuss, selbst aus einigen Metern Entfernung.

Wir erfahrenen Spritzfische sind wahre Weltmeister im Zielspucken.

Skorpionfisch – Disziplin

Im Vergleich zu den stromlinienförmigen Fischen bin ich ein hässlicher Typ. Mein Körper ist mit vielen unregelmäßigen Farbflecken übersät.

Eine gewaltige Maulspalte prägt meinen großen Kopf. Hautausstülpungen und zerfranste Flossen kennzeichnen mich als einen Verwandten der Drachenköpfe.

Schwimmen ist nicht meine Sache. Dafür kann ich mich fast unsichtbar auf felsigem Grund oder im Korallenriff verstecken und tarnen. Bewegungslos passe ich mich dem Untergrund an, nur meine Augen schielen nach der Beute.

Nähert sich ein Fischchen sorglos meinem Maul, so ist sein Leben verwirkt. Blitzschnell öffne ich meine Klappe. Der Sog reißt Wasser samt Fischchen in meine Mundhöhle. Sind verschiedene Krebstiere und Tintenfische in meiner Reichweite, dann erwischt es auch sie.

Trachten mir größere Fressfeinde nach dem Leben, so warne ich sie zuerst mit meinen mächtigen, abstehenden Brustflossen.

Lassen sie sich dennoch nicht einschüchtern, setze ich meine harten und giftigen Flossenstrahlen ein.

Sphynx-Katze – Originalität

Obwohl der Ursprung meiner Rasse in Kanada liegt, fühle ich mich als Stubentiger überall wohl. Vorausgesetzt, die Katzenliebhaber:innen halten Kälte und Hitze fern von meinen Pfoten.

Lieber ist mir eine Wärmelampe zum Schnurren. Auch Zugluft, nasses Wetter und pralle Sonne fürchte ich. Schließlich bin ich eine Nacktkatze.

Einem Fehler bei der Vererbung verdanke ich mein einzigartiges Aussehen. Neben dem haarlosen Fell ist mein Körper an vielen Stellen mit Falten überzogen. Aber auch mit den spitzen Riesenohren gewinne ich keinen Stubentiger-Schönheitswettbewerb.

Das gänzliche Fehlen der Schnurrbarthaare ist für uns Sphynx-Katzen eine Qual. Wie sollen wir sicher durch Zaunspalten schlüpfen, wenn uns die wichtigen Tasthaare als Sinnesorgan fehlen?

Wir sind eine lebhafte und zugleich äußerst zutrauliche Rasse. Zudem sind wir schlaue Samtpfoten. Leicht erlernen wir Kunststücke wie Tatze geben, am Boden rollen oder „Katzenmännchen" machen. Mit artgerechtem Spielzeug beschäftigen wir uns ebenfalls sehr gerne.

Stachelschwein – Harmonie

Ein Dummkopf, wer glaubt, wir seien mit den Igeln oder gar mit den Schweinen verwandt. Wir Stachelschweine gehören zur Familie der Nagetiere. Afrika und Asien sind unsere Heimat. Aber auch in Süditalien oder auf der Insel Sizilien streifen wir nachts durch die Gegend. Vermutlich haben uns die Römer als tierische Beute eingeschleppt.

Belästigen uns Hunde, Füchse oder andere Tiere, warnen wir sie durch Grunzen wie ein Schwein. Nützt das noch zu wenig, stampfen wir mehrmals fest auf den Boden. Zum Schluss richten wir unsere langen Stacheln auf und rasseln wie die Klapperschlangen. Nun verstehen wir wirklich keinen Spaß mehr! Im Rückwärtsgang spreizen wir unsere Stacheln dem Feind entgegen.

So mancher Gegner kann ein schmerzhaftes Lied heulen. Unsere scharfen Stachelspitzen mit den feinen Widerhaken sind zwar nicht giftig, aber sie rufen schmerzhafte Entzündungen hervor. Bei der Geburt sind unsere Stacheln noch so weich wie Haare. Allmählich härten sie schwarz-weiß geringelt aus und erreichen fast eine Länge von 40 Zentimetern.

Tagsüber verdrücken wir uns als Familienverband gerne in Höhlen oder selbst ausgegrabenen Erdbauen. Nachts sind wir auf Futtersuche unterwegs. Besonders Wurzeln, Früchte oder saftige Baumrinde haben es uns angetan.

Stinktier – Ehrlichkeit

Die Bezeichnung Stinktier ist eine Beleidigung. Wesentlich besser gefällt mir der Name Skunk. Mein putziges Aussehen, die flauschige, schwarz-weiß gezeichnete Fellzeichnung und das hübsche Gesicht machen Eindruck. Die kleinsten Vertreter unserer Art sind zwar kaum größer als Eichhörnchen, trotzdem gehören wir zur Ordnung der Raubtiere.

Tagsüber verschlafe ich in hohlen Baumstämmen oder selbst gegrabenen Erdhöhlen den Tag. Ab der Dämmerung bin ich als Einzelgänger unterwegs, um mir Futter zu suchen. Als Allesfresser bin ich nicht heikel: Echsen, kleine Schlangen, Insekten oder gar Nagetiere esse ich gern. Auch Früchte und knackige Nüsse verdrücke ich gerne.

Fühle ich mich durch angreifende Kojoten oder Pumas bedroht, reagiere ich mit Warngebärden. Verärgert stampfe ich mit meinen Beinen, fauche und zeige mein Raubtiergebiss. Notfalls bringe ich meine chemische Geheimwaffe ins Spiel. Blitzschnell richte ich den Hintern auf und hebe meinen Schwanz wie eine Signalfahne. Gezielt spritze ich dann dem Angreifer eine unglaublich stinkende Flüssigkeit mitten ins Gesicht. Der Schuss reicht mehrere Meter weit und meinem Gegner schießen sofort Tränen in die Augen. Leider reagieren Greifvögel und Eulen auf meinen erbärmlichen Gestank weniger empfindlich.

Strandläufer – Herausforderung

Ich gehöre zur Familie der Schnepfenvögel. Die baumlose Tundra der Nordhalbkugel ist unser Brutgebiet.

Während der Balz- und Brutzeit wechseln wir Männchen das Gefieder. Das hübsche Prachtkleid gefällt den Weibchen. Außerdem ist solch ein Federschmuck bei der Abgrenzung des Reviers wichtig. Die Weibchen halten nichts vom Aufputzen. Schließlich sind sie auf diese Weise beim Brüten besser vor Feinden geschützt.

Mit unseren langen Beinen sind wir recht flott unterwegs. Zudem erleichtert ein langer Schnabel das Herumstochern im feuchten Sand und Schlick. Hier stöbern wir unsere Nahrung auf: Würmer, Borstentierchen, Krebse oder Asseln schmecken uns ausgezeichnet.

Wir Strandläufer tasten mit dem Schnabel ungefähr so wie ihr Menschen mit den Fingerkuppen.

Ist unser Nachwuchs flügge, dann ziehen wir zum Überleben in die Überwinterungsgebiete. Die eisfreien Küsten und die Mündungen der großen Flüsse sind unser Ziel.

Liegt eine Schneedecke auf dem Strand, wird unsere Nahrung knapp. Unfreiwillig müssen wir von der tierischen Kost auf Samen, Knospen oder anderes Grünzeug ausweichen. Heikel sein lohnt sich nicht.

Taschentuchbaum – Selbstverwirklichung

Ich bin ein echter Hingucker und ein ganz außergewöhnliches Gewächs. Meine weißen, herabhängenden Hochblätter sind eine wahre Pracht. Alle möchten mich in ihrem großen Garten ansiedeln, aber niemand hat die Geduld, auf meine erste Blüte mehr als ein Jahrzehnt zu warten.

Meine alte Heimat liegt im Lande der aufgehenden Sonne. China heißt das Riesenreich. Forscher haben meine Samen in ihre Länder mitgenommen. Nun können uns Menschen auf der ganzen Welt in botanischen Gärten bewundern.

Unmittelbar an der kugelförmigen Blüte setzen meine zwei Hochblätter an. Sie sind aber kein Bestandteil der Blüte. Wie durch Magie verwandeln sie sich allmählich vom satten Grün in ein auffallendes Weiß.

Außerdem unterscheidet sich ihre Form stark von den herzförmigen, weit kleineren Laubblättern. Insgesamt schaut es so aus, als ob mich ein Künstler mit unzähligen Taschentüchern geschmückt hätte.

Stolz bin ich auch auf meinen weiteren Namen, und zwar „Taubenbaum". Richtig, du hast einen schlauen Verdacht. Tatsächlich schaut es aus der Ferne betrachtet so aus, als ob ein großer Schwarm schneeweißer Tauben eine Rast auf meinen Zweigen eingelegt hätte.

TASCHENTUCHBAUM

– Selbstverwirklichung –

Totenkopfäffchen – Humor

Wir Totenkopfäffchen sind wesentlich kleiner als Hauskatzen und unser Schwanz ist länger als der Körper. Wir brauchen ihn, um bei den wilden Sprüngen in den Regenwaldbäumen das Gleichgewicht zu halten.

Unser gruseliger Name täuscht. Die maskenartige Gesichtszeichnung ist bloß eine Laune der Natur. In Wirklichkeit sind wir harmlose, friedfertige und gesellige Affen. Raufen und Kämpfen bringt uns keine Vorteile.

Gerne reiben wir uns mit unserem eigenen Urin ein. Dieser Geruch schweißt die Gruppenmitglieder zusammen und warnt gleichzeitig andere.

Mit großer Leidenschaft jagen wir Insekten. Auch Eier, Schnecken, Frösche, Spinnen und kleine Wirbeltiere ergänzen unsere Nahrung. Als vegetarischen Ausgleich futtern wir bestimmte Blätter, Blüten und Früchte.

Wissenschaftler haben festgestellt, dass wir das größte Gehirn aller Säugetiere im Vergleich zum Korpergewicht haben. Deshalb können wir mit unseren blitzschnellen Bewegungen sogar Insekten oder Vögel im Flug erbeuten!

Bei der Aufzucht der Jungen helfen wir Weibchen zusammen. Ohne Angst klammen sich die Babys auf dem Rücken fest. Gemeinsam mit der Mutter reiten sie durch den Dschungel. Die Väter verdrücken sich lieber in die Baumkronen.

Totentrompete – Erfolg

Obwohl mich die Feinschmecker schätzen, haben mir Biologen diesen gruseligen Namen verpasst. Vermutlich waren meine schwarze Farbe und der trichterförmige Wuchs der Grund. Weit besser gefällt mir die Bezeichnung „Herbsttrompete".

Die dottergelben Pfifferlinge kennt jedes Kind. Auch ich bin ein enger Verwandter dieser Pilzfamilie. Aber mein Duft und Geschmack übertrifft diese Art bei Weitem.

Vor nicht allzu langer Zeit waren wir so begehrt, dass wir als „Trüffel der armen Leute" gehandelt wurden.

Wegen unseres dünnwandigen Fruchtkörpers eignen wir uns hervorragend zum Trocknen. Später, mit Eierspeise vermengt, sind wir eine wahre Gaumenfreude.

In Gesellschaft mit den Laubwäldern fühlen wir uns wie daheim. Vor allem der Wurzelbereich der Rotbuchen ist für uns das wahrhaftige Paradies. Dieser Baum ist für uns nämlich der allerbeste Wirt.

Ebenso bevorzugen wir luftige Kalkböden in mittleren Höhenlagen. Was jene Bäume angeht, die wir für eine Lebensgemeinschaft mit uns auswählen, sind wir sehr heikel.

TOTENTROMPETE

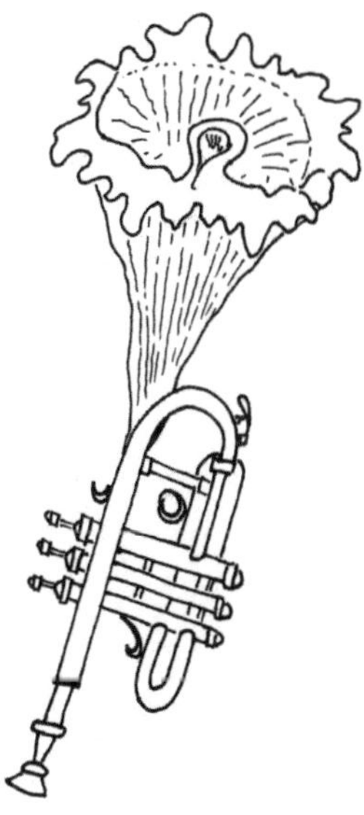

– Erfolg –

Vierfleck Libelle – Bewegung

Wir Fluginsekten haben die ganze Welt erobert. Sogar in arktischen Regionen schwirren wir durch die Lüfte. Stets halten wir uns in der Nähe salzfreier Gewässer auf.

Die Natur hat uns zwei Flügelpaare geschenkt. Wir können sie getrennt voneinander bewegen. Diese außergewöhnliche Fähigkeit macht uns zu wahren Luftakrobaten. Blitzschnell senkrecht starten, auf der Stelle fast bewegungslos schweben, in der Luft einen Haken schlagen oder gar rückwärts fliegen: Das macht uns so schnell keiner nach!

Meine großen Komplexaugen bestehen aus vielen Tausenden Einzelaugen. Das Gesamtbild verarbeiten wir dennoch schneller als das menschliche Linsenauge.

Ich bin ein geschickter Räuber. Mücken und andere Insekten fange ich im Flug. Meine langen Beine benütze ich dabei wie einen Fangkorb.

Wenn mich mein in den Erbanlagen festgelegtes Programm zur Paarung treibt, dann schnappe ich mir ein Vierfleckweibchen mit meinem beweglichen Hinterleib. Gemeinsam bilden wir das herzförmige Paarungsrad und zeugen unseren Nachwuchs im Flug.

Die ersten Frostnächte überleben wir erwachsenen Libellen leider nicht.

VIERFLECK LIBELLE

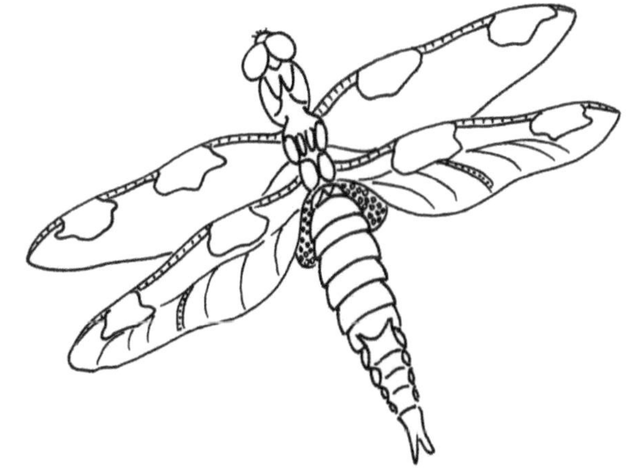

– Bewegung –

Vogelspinne – Unterkunft

Ich bewundere die kleinen Kreuzspinnen, die kunstvolle Radnetze aus Seide bauen. Diese Fertigkeit beherrsche ich leider nicht. Doch dies ist auch nicht notwendig, schließlich bin ich eine schwere, große Goliath- oder Riesenvogelspinne.

Besonders in den Regenwäldern Südamerikas fühle ich mich wohl. Als Einzelgänger:in finde ich leicht einen Unterschlupf in Erdhöhlen oder unter Baumwurzeln. Tagsüber döse ich in meinem Loch am Boden.

Plagt mich der Hunger, mache ich mich auf die behaarten Beine und lauere Fröschen, Mäusen und anderem Getier auf. Bewegungslos warte ich, bis ein Opfer ganz in meiner Nähe ist. Trotz meiner acht Augen ist mein Sehvermögen eher schwach. Die beiden Hauptaugen erkennen die Beute und die sechs Nebenaugen melden die Bewegung.

Meine Füße sind sehr empfindlich. Sie merken jede Erschütterung in meiner Umgebung. Ist die Maus nahe genug, dann springe ich wie ein wilder Jaguar auf sie drauf, schlage blitzschnell meine Beißklauen durch das Fell und spritze das Gift ein. Sobald das Fleisch und die Innereien weich wie ein Brei sind, sauge ich die Maus aus.

Viele Menschen ekeln sich vor uns. Dabei sind wir nützliche Tiere. Wir wehren uns nur, wenn wir bedroht werden. Unser Gift ist für euch Zweibeiner harmlos.

VOGELSPINNE

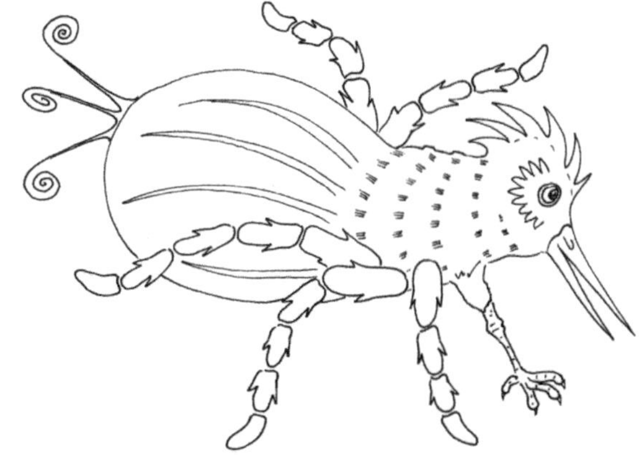

– Unterkunft –

Wanderheuschrecke – Selbstverantwortung

Wir fingerlangen Wüstenheuschrecken lieben das Klima in Ostafrika, denn die heftigen Niederschläge im Winterhalbjahr und die brütende Hitze kommen uns sehr gelegen. Meine Mama hat mich und die vielen Geschwister einfach in der feuchten Erde abgelegt. Zusätzlich hat sie das Gelege in eine Schaumhülle eingepackt, die uns vor Austrocknung schützt. Nachher kümmerte sie sich nicht mehr um uns.

Als junge Nymphe musste ich mich oft häuten. Mein Schutzmantel, der Chitinpanzer, wächst nämlich nicht mit. Erst nach der letzten Häutung entfalten sich meine Flügel. Nun brauche ich nicht mehr mühsam krabbeln, sondern bin ein flugfähiges Insekt. Wird der Platz eng und reiben wir uns aneinander, schnellen wir mit den kräftigen Beinen in die Luft und flattern eine Strecke weit.

Hirse ist mein Lieblingsgras, aber auch Blätter und Früchte und sogar giftige Pflanzen verschmähe ich in der Not nicht. Ist eine Gegend kahl gefressen, schließen wir uns zu geselligen Gruppen zusammen. Passt der Wind, machen wir uns als Wanderheuschrecken auf die Flügel. Wenn wir in riesigen Schwärmen unterwegs sind, wird es richtig dunkel. Wie ein schrecklicher Sandsturm ziehen wir flach über den Boden dahin. Nichts bleibt von den Pflanzen der Landwirt:innen übrig.

WANDERHEUSCHRECKE

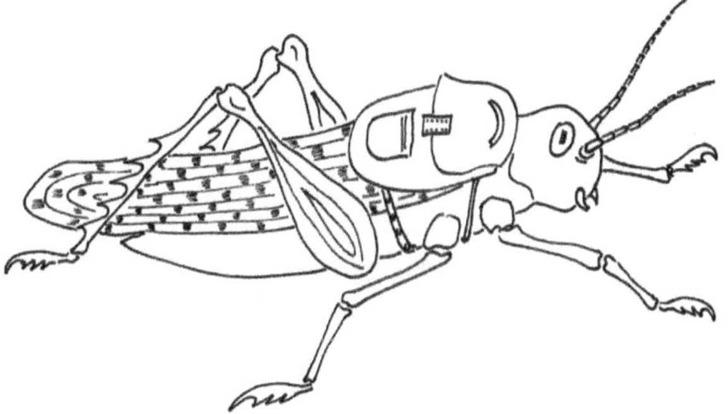

– Selbstverantwortung –

Würfelnatter – Wasser

Ich bin eine richtige Wasserratte. Äh, natürlich meine ich Wasserschlange. Schwimmen und tauchen liegen mir im Blut. Stundenlang halte ich mich in warmen, ruhigen und flachen Wasserbereichen auf. Unter Wasser lauere ich meiner Beute auf und stoße blitzschnell zu. Kleine Fische sind meine Leibspeise. Bietet das Ufer noch dazu Versteckmöglichkeiten wie Altholzhaufen oder Steine mit vielen Schlupflöchern, dann bleibe ich diesem Ort treu.

Zum Sonnenbaden begebe ich mich auf Kiesbänke. Darüber hinaus verlasse ich das nasse Element nur zur Fortpflanzung und zum Überwintern.

Neulich, das Schilf warf schon lange Schatten, habe ich mich mit dem Schlucken eines Babykarpfens geplagt. Plötzlich trampelte ein Mensch mit komischen Flossen ans Ufer und störte mich beim Fressen. Nur mit Mühe konnte ich den ganzen Fisch auswürgen. In letzter Sekunde schlängelte ich mich wieder ins Wasser.

Als junge Natter habe ich mich vor Ratten und langbeinigen Reihern gefürchtet. Auch die Stockenten waren mir nie geheuer. Fühle ich mich als erwachsene Schlange ernsthaft bedroht, warne ich den Feind durch Zischlaute oder verbreite einen fürchterlichen Gestank. Als letzte Geheimwaffe falle ich augenblicklich in eine Schreckstarre. Wie tot liege ich dann auf dem Boden. Übrigens: Keine Schlange beißt zu, wenn sie nicht berührt wird.

WÜRFELNATTER

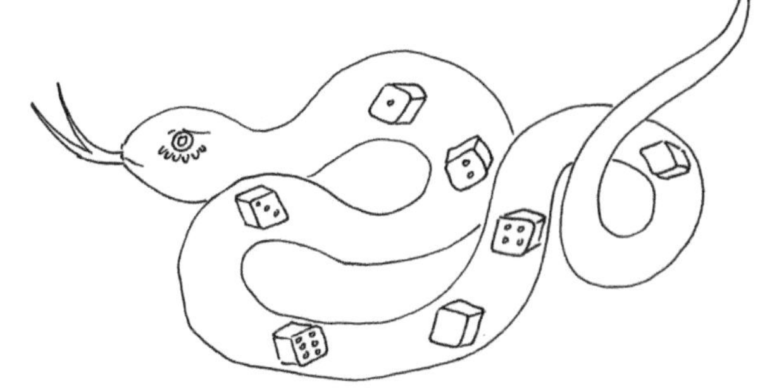

– Wasser –

Wüstenschiff – Wärme

Wegen der Klimaerwärmung werden Rindviecher durch uns Kamele ersetzt. Wir sind den harten Bedingungen in trockenen Regionen am besten angepasst und echte Überlebenskünstler. Tagelang kann ich ohne einen einzigen Schluck Wasser überleben.

Dafür kann ich eine ganze Badewanne voll Süßwasser verdrücken und mit dem Vorrat haushalten. Die Menschen glauben irrtümlich, dass wir diese gewaltige Wassermenge in unseren Höckern speichern. Doch in Wahrheit gehen wir mit dem kostbaren Nass äußerst sparsam um. Nur ganz geringe Mengen Urin scheiden wir Kamele und die einhöckrigen Dromedare aus. Unser Kot ist fest und trocken. Er eignet sich ausgezeichnet als Heizmaterial. Die Nomaden wissen diesen Brennstoff zu schätzen.

Meine dicken Fußballen sind wie gepolstert und schützen mich vor dem heißen Wüstensand. Verschließbare Nasenlöcher und lange Wimpern bewahren mich vor den scharfen Sandkörnern, die der Wüstensturm wie Geschosse vor sich hintreibt.

Einst schleppten wir Salz, Lebensmittel und andere Waren von einer Oase zur anderen. In langen Karawanen durchquerten wir die Halbwüsten. Als zähe Trag- und Nutztiere ermöglichten wir den Menschen dieser Gegend das Überleben.

Wolpertinger → Dein Bedürfnis

Der Ursprung unserer Art ist eine seltene Liebesgeschichte zwischen einem Feldhasen und einem jungen Rehbock. Einfallsreiche Tierpräparatoren haben schon vor hunderten Jahren unsere Hasenläufe durch Füße von Wasservögeln oder gar Raubvögeln ersetzt.

Wir Wolpertinger sind außergewöhnliche und scheue Mischwesen. Denn nicht einmal die aufgestellten Wildkameras liefern Bilder von uns. „Raurackl" nennen uns die Jäger im Salzburger Grenzgebiet zu Bayern.

Nur in seltenen Vollmondnächten haben manche das Glück, uns leibhaftig zu sehen. Doch kommen sie uns zu nahe, versprühen wir eine übel riechende Flüssigkeit. Und es dauert Jahre, bis sich der Geruch verflüchtigt.

Aber nicht nur meine Stinkdrüse, sondern auch mein Speichel ist gefürchtet. Trifft dieser auf nackte Menschenhaut, dann wächst auf der betroffenen Stelle ein Haarbüschel.

Nun kommt die besondere Aufgabe für dich:

Zeichne den Wolpertinger so, wie du ihn dir vorstellst. Überlege außerdem, welches Bedürfnis zu ihm passt. Denk dir am besten ein ganz neues Bedürfnis aus, das nicht im Buch vorkommt.

Schreibe dieses Bedürfnis in das freie Feld.

BESTSELLER

WAS BRAUCHST DU?

Mit der Giraffensprache und Gewaltfreier Kommunikation Konflikte kindgerecht lösen

Ein Buch von
Hanna Grubhofer, Sigrun Eder
und Barbara Weingartshofer (Illustrationen)

Emil Erdmännchen möchte mit seiner Familie und seiner Freundin Carla Chamäleon einen Ausflug zum himmlisch duftenden Beerenstrauch machen. Doch Carla Chamäleon hat keine Lust, und Emil Erdmännchen versteht nicht, wieso. Bevor es zum Streit kommt, taucht Gino Giraffe auf. Was für ein Glück! Gino Giraffe erklärt Emil Erdmännchen und Carla Chamäleon ihre Bedürfnisse. Auch Mia Maus, Balduin Bär, Pedro Pfau, Martha Maulwurf und einige andere Tierkinder kommen sich mit dem, was sie brauchen, in die Quere. Gino Giraffe ist immer zur Stelle und zeigt ihnen, was genau für sie im Moment wichtig ist.

Das fröhlich illustrierte Bilder-Erzählbuch „Was brauchst du?" im handlichen A5-Format unterstützt Kinder dabei, Gefühle und Bedürfnisse zu erkennen, um für jeden eine passende Lösung zu finden. Die Gewaltfreie Kommunikation (GFK) hilft dabei, Konflikte zu lösen.

Zahlreiche, auf gut beschreibbarem Papier gedruckte Mit-Mach-Seiten zum Malen, Aufschreiben und Reden im Anschluss an die Geschichte befähigen junge LeserInnen dazu, sich selbst und andere besser zu verstehen. Als Bonus-Material gibt es die Tiere und ihre Bedürfnisse zum Ausmalen und Ausschneiden. Auf Karton geklebt können Kinder so ihre eigenen Bedürfniskärtchen basteln und Lösungen für Konflikte finden.

edition riedenburg

Im (Internet-)Buchhandel und auf editionriedenburg.at • SOWAS-Buch.de